U0463834

重庆文化遗产保护系列丛书

三峡后续考古发现

重庆市文物考古研究院
重庆文化遗产保护中心　编著

（第二卷）

四川大學出版社
SICHUAN UNIVERSITY PRESS

图书在版编目（CIP）数据

三峡后续考古发现 . 第二卷 / 重庆市文物考古研究院，重庆文化遗产保护中心编著 . — 成都：四川大学出版社，2023.11

ISBN 978-7-5690-6473-5

Ⅰ . ①三… Ⅱ . ①重… ②重… Ⅲ . ①三峡—考古发现—图集 Ⅳ . ① K872.630.2

中国国家版本馆 CIP 数据核字（2023）第 226327 号

书　　名：三峡后续考古发现（第二卷）
　　　　　Sanxia Houxu Kaogu Faxian（Di-er Juan）
编　　著：重庆市文物考古研究院　重庆文化遗产保护中心

选题策划：梁　胜
责任编辑：梁　胜
责任校对：陈　纯
装帧设计：墨创文化
责任印制：王　炜

出版发行：四川大学出版社有限责任公司
　　　　　地址：成都市一环路南一段 24 号（610065）
　　　　　电话：（028）85408311（发行部）、85400276（总编室）
　　　　　电子邮箱：scupress@vip.163.com
　　　　　网址：https://press.scu.edu.cn
印前制作：成都墨之创文化传播有限公司
印刷装订：四川省平轩印务有限公司

成品尺寸：185 mm×260 mm
印　　张：17.5
字　　数：307 千字

版　　次：2023 年 11 月 第 1 版
印　　次：2023 年 11 月 第 1 次印刷
定　　价：360.00 元

扫码获取数字资源

四川大学出版社
微信公众号

QIANYAN

　　作为三峡工程文物保护的延续，三峡后续考古工作得到了国务院三峡办（现已并入水利部）、国家文物局、重庆市移民局（现已并入重庆市水利局）、重庆市文物局的高度重视和全程指导，特别是三峡后续项目在申报方式、运行管理等方面相较于前三峡时期发生很大变化的情况下，上级领导机关充分理解考古工作的现实特殊性，从政策与资金两个方面给予了坚实保障。

　　围绕消落区抢救考古和大遗址保护考古两大主题，截至 2021 年 12 月，重庆市文物考古研究院已全面完成了 62 个已获批项目的实施。其中，消落区抢救考古 56 项，涵盖对巫山、奉节、云阳、开州、万州、忠县、石柱、丰都、涪陵、武隆、长寿、渝北、南岸等 13 个区县的 141 处消落区文物的抢救性发掘，合计完成发掘面积 105439 平方米；大遗址保护考古 6 项，实施对象分别为巫山高唐观遗址、巫溪宁厂古镇遗址、奉节白帝城遗址、云阳磐石城遗址、万州天生城遗址和忠县皇华城遗址，合计完成发掘面积 26809 平方米。

　　通过 10 年来持续不断的考古工作，一方面，有效实现了对消落区出露文物的及时保护，避免了因国有文物流失带来的不良影响，大大缓解了三峡工程文物保护工作结束后消落区地下文物所面临的严峻安全形势；另一方面，多年度的大遗址考古科学厘清了以白帝城遗址、

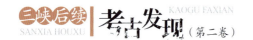

天生城遗址为代表的一批三峡库区大遗址的总体内涵，有力支撑了遗址下一阶段的保护利用，积极助力"一园九点"的三峡国家考古遗址公园建设。上述成绩再次证明，三峡库区的文物遗存具有极高的历史、科学与艺术价值，三峡后续文物保护工作不仅十分必要，而且具有十分重要的现实意义。

在三峡后续考古工作重心即将转入全面配合三峡国家考古遗址公园建设之际，我院筹划编撰一套三卷本的集科学性与普及性于一体的考古发现图集，以区县为单元介绍三峡后续考古成果。其中，第一卷由巫山、奉节、云阳等3个区县组成，第二卷由万州、开县、忠县、石柱等4个区县组成，第三卷由丰都、涪陵、武隆、长寿、渝北、南岸等6个区县组成。每个区县均是单独成篇，在总结三峡后续考古收获的同时，以三峡考古为主对既往相关考古工作也进行梳理，在一定程度上相当于对该区县建国以来考古工作的总结。之所以要出版《三峡后续考古发现》系列图书，主要基于以下几个方面的考虑：一是积极响应"让文物活起来"的号召。我们作为发掘者，在保护好、研究好文物的同时，更有义务去讲好文物背后的故事，更好地履行考古工作者的社会职能。二是更好地展示三峡后续考古工作成绩。既往的工作以抢救文物为重心，对宣传展示成果则是心有余而力不足，我们也想通过这套书来弥补这一缺憾。三是加快考古成果的转化速度。考古是一门十分严谨的科学，即使是一篇相对简单的考古发掘简报的面世，也要经历一个相当长的周期。作为改变这一现状的一种尝试，本书在刊布考古收获的同时，在考古资料等方面力求做到真实、严谨和科学。作为一部资料性的考古图集，相信其对峡江地区的历史与考古研究具有较高的参考价值。

最后需要补充说明的是，本书的涉及考古工作周期主要为1997年至今，其间我院机构名称由重庆市文物考古所先后变更为重庆市文化遗产研究院（2010年变更）、重庆市文物考古研究院（2021年变更）。为避免混淆，本书以叙事要素一致为原则，仍使用考古工作实施时的机构名称。

本书编委会

目录
CONTENTS

万州篇

忠县篇

开州篇

石柱篇

百
州
篇

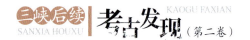
一、县域概况

（一）地理环境

万州区地处四川盆地东缘，重庆市东北边缘，三峡库区腹心，位于北纬30°23′50″～31°0′18″，东经107°52′22″～108°53′52″，面积3457平方公里。东与云阳县相连，南与石柱土家族自治县和湖北省利川市接壤，西与忠县、梁平区毗邻，北与开州区和四川省开江县交界。东西广97.25公里，南北袤67.25公里，城区面积110平方公里，直线距离重庆市228公里。区内山丘起伏，最高点位于普子乡七曜村沙坪峰，海拔1762米；最低点位于黄柏乡境内，随长江蓄水水位变化而变化。低山、丘陵面积约占四分之一，低中山和山间平地面积约占四分之一，极少平坝和台地，且零星散布。

境内属亚热带季风湿润带，气候四季分明：冬暖、多雾；夏热，多伏旱；春早，气温回升快而不稳定；秋长，阴雨绵绵。日照充足，雨量充沛，天气温和，无霜期长，霜雪稀少。

境内河流纵横，河流、溪涧切割深，落差大，高低悬殊，呈枝状分布，均属长江水系。长江自西南与石柱土家族自治县、忠县交界的长坪乡石槽溪（海拔118米）入境，向东北横贯腹地，经黄柏乡白水滩（海拔约106米）流入云阳县，流程82.6公里。境内流域面积在100平方公里以上的河流有江北的苎溪河、瀼渡河、石桥河、汝溪河、浦里河，江南的泥溪河、五桥河、新田河共8条，溪沟93条，水域总面积108.67平方公里。

境内出露地层的地质年代多见于中生代三叠纪和侏罗纪，形成时间距今2.3亿～1.37亿年，以侏罗纪分布最广，三叠纪次之，局部地方有距今2.85亿～2.3亿年的古生代二叠纪地层，也有距今250万年的新生代第四纪地层，境内地质构造线，属新华夏系第三巨型隆起带武陵山褶皱带西缘与大巴山弧形褶皱带控制的四川菱形构造盆地的北东方向延伸出境外，消失于七曜山背斜构造的北西侧，形成突向北西的万县弧形构造线。

（二）历史沿革

万州夏属梁州之地，商周时期为庸国境域。周匡王二年（公元前611年），楚、秦、巴三国联合灭庸，三分其地，区境归属巴国。

秦昭王三十年（公元前277年），秦夺取楚国西部地区后，置巴郡朐忍县管辖。

东汉建安二十一年（216年），刘备分朐忍西南地界置羊渠县，治今万州区长滩镇，为区境行政建置之始。蜀汉建兴八年（230年），省羊渠置南浦县。西魏废帝元钦二年（553年），改南浦县为鱼泉县，徙治江北。在鱼泉县置安乡郡，辖鱼泉、梁山二县。北周时期（557～581年），改鱼泉县为安乡县，改安乡郡为万川郡，与南州同治，分临江地置南都郡，领源阳县。北周建德四年（575年）分别改名为怀德郡和武宁县。隋开皇十八年（598年），废万川郡，改万川县为南浦县。炀帝大业三年（607年），废南州、南浦、武宁，隶属巴东郡。

唐武德二年（619年），分南浦、武宁、梁山三县，置南浦州，治南浦县，隶属信州。武德八年（625年），废南浦州。武德九年（626年），复立浦州，仍领南浦、武宁、梁山三县，隶属夔州。贞观八年（634年），改浦州为万州。天宝元年（742年），改万州为南浦郡。乾元元年（758年）复名万州，仍领南浦、武宁、梁山三县。

五代十国时期，万州境域先后为前蜀、后唐、后蜀占据，行政建置仍沿袭唐制，领南浦、武宁、梁山三县。北宋开宝三年（970年），置梁山军，领梁山县，划归夔州路管辖。元朝至元二十年（1283年），省南浦县入万州，领武宁县。

明洪武四年（1371年），并武宁县入万州。洪武六年（1373年），降万州为万县。

清代，沿循明制。

1902年9月5日，英帝国主义强迫清政府签订《中英续议通商行船条

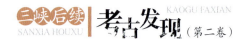

约》，增辟万县为通商口岸。

清宣统三年十月（1911 年 11 月），清廷驻万县巡防军第三营管带刘汉卿宣布反正，十月十八日（12 月 8 日）在万县成立四川省下川东蜀军政府。辛亥革命失败后，万县成为下川东地区军阀混战争夺的焦点。万县逐步发展成为下川东地区经济、军事、政治及文化中心，1917 年设海关，1925 年开商埠。1928 年 11 月 15 日，驻万军阀杨森以万县城区设置万县市。1935 年 6 月，四川省第九行政督察区在万县市设立，辖万县、开县、忠县、云阳、奉节、巫山、巫溪、城口一市八县。

1949 年 12 月，万县解放，设置川东行署区万县专区，代管万县市，辖万县、开县、忠县、云阳、奉节、巫山、巫溪、城口、石柱 9 县。1952 年 9 月，改隶四川省。1953 年 3 月，梁平县划归万县专区管辖。1968 年 5 月，改称万县地区。1992 年 12 月，撤销万县地区，设立地级万县市。1993 年 4 月，万县市正式设立，辖龙宝区、天城区、五桥区和开县、梁平、忠县、云阳、奉节、巫山、巫溪、城口三区八县。

1997 年 12 月 20 日，撤销万县市及所辖龙宝、天城、五桥三区，设重庆市万县移民开发区和万县区（未正式设立）。1998 年 5 月，更名为万州移民开发区和万州区，代管有移民任务的开县、忠县、云阳、奉节、巫山、巫溪六县。

2000 年 6 月，国务院批复，撤销万州移民开发区，其代管六县由重庆市直接管辖。

（三）文物资源

万州区地处三峡库区腹心，历史文化积淀深厚，文物资源丰富。根据第三次全国文物普查数据，万州区境内共登录不可移动文物 1170 处，其中古遗址 200 处，古墓葬 431 处，古建筑 266 处，石窟寺及石刻 151 处，近现代重史迹及代表性建筑 115 处，其他遗迹 7 处，现有全国重点文物保护单位 3 处，重庆市文物保护单位 10 处，区县级文物保护单位 114 处。根据重庆市三峡库区历史文化遗产资源调查数据，万州区国有文物收藏机构保管的可移动文物数量总数为 23450 件（套）。

二、既往考古工作简述

万州地区的考古工作开展较早，20 世纪 20 至 30 年代，美国中亚考察团成员的 Walter Granger 和中国地质调查研究所新生代研究室（中国科学院古脊椎动物与古人类研究所前身）杨钟健先后进入盐井沟地区，采集了大量哺乳动物化石并进行了研究。1935 年，杨钟健和法国人德日进等在万县西大约 10 公里处长江右岸阶地上采集到 1 件石制品，但没有肯定它是旧石器时代产物①。这些工作应当算作是万州区境内科学考古工作的起点。

20 世纪 50 年代对三峡地区的考古调查则揭开了对这一地区古遗址文化性质真正认识的序幕。1957 年至 1958 年，四川省博物馆、重庆市博物馆与四川大学历史系联合组织考古调查队，对三峡地区进行了较为全面的踏查，调查时代广，涉及新石器、战国、唐、宋、明、清等时代。类别丰富，既有聚落遗址、手工业遗址，也有古墓葬、石刻造像、碑刻等。采集各时代遗物两千余件②。

1978 年万州初唐刺史冉仁才墓是重庆地区最重要的一座唐墓，弥补了该时期墓葬材料的不足③。1990 年，中国社会科学院考古研究所四川工作队开展了四川万县地区考古调查④。20 世纪 90 年代以后，围绕三峡工程建设开展的相关考古工作拉开了大幕，开启了万州区文物保护与考古工作的新局

① 高星、裴树文：《三峡远古人类的足迹：三峡库区旧石器时代考古的发现和研究》，巴蜀书社，2010 年。

② 四川省博物馆：《四川省长江三峡水库考古调查简报》，《考古》1959 年 8 期；四川省博物馆：《川东长江沿岸新石器时代遗址调查简报》，《考古》1959 年第 8 期

③ 四川省博物馆：《四川万县唐墓》，《考古学报》1980 年第 4 期。

④ 中国社会科学院考古研究所四川工作队：《四川万县地区考古调查简报》，《考古》1990 年第 4 期。

面。进入 21 世纪以来，配合基本建设开展的考古工作大幅增多，及时抢救发掘了一大批珍贵遗存；同时，配合文旅融合项目开展的考古工作持续推进，取得了较为丰硕的成果。

（一）三峡工程文物保护考古工作

1997—2008 年属于三峡文物保护计划实施阶段，主要为配合三峡工程建设的大规模考古发掘。根据《三峡工程淹没及迁建区文物保护规划》，为配合三峡工程建设，万州范围内有 24 处地面文物需搬迁保护或留取资料，111 处地下文物点需进行抢救性考古发掘。1997 年以来，经过来自全国各地的文物专家、学者的艰苦努力，到 2007 年已

苏和坪遗址出土陶罐（新石器时代）

全面完成淹没区文物保护任务，并取得了一系列重要的考古学成果[1]。

旧石器时代遗存发现较少，文化面貌尚不清晰，主要包含渣子门地点[2]、武陵地点、秦家湾地点等 3 处旧石器地点和蒲家村化石点、武陵南化石点 2 处古生物化石地点。大周镇渣子门地点等旧石器时代遗存发掘出土的由砾石打制加工而成的砍砸器、刮削器、尖状器、石片、石核等遗物，证明了距今 1 万年左右万州区就有古人类活动的足迹，将万州区的历史向前推进几千年。

新石器时代遗存主要集中在新石器时代晚期，重要代表遗址有苏和坪

---

① 重庆市文物局、重庆市移民局：《重庆库区考古报告集·1997 卷》，科学出版社，2001 年。
② 重庆市文物局、重庆市移民局：《重庆库区考古报告集·2001 卷（上）》，科学出版社，2007 年。

苏和坪遗址出土陶罐（新石器时代）　　　　　苏和坪遗址出土陶罐（新石器时代）

遗址①、涪溪口遗址②、黄柏溪遗址③等、另外还有部分遗址发现少量新石器遗迹和遗物，如中坝子遗址④、大地嘴遗址⑤、麻柳沱遗址⑥、大周溪遗

① 重庆市博物馆、万州区文管所：《万州苏和坪遗址发掘报告》，收录于《重庆库区考古报告集·1999 卷》，科学出版社，2006 年；重庆市文物考古所、重庆市文物局、万州区文管所：《万州苏和坪遗址第二次发掘报告》，收录于《重庆库区考古报告集·2000 卷（上）》，科学出版社，2007 年。

② 福建省博物馆考古队、万州区文物管理所：《万州涪溪口遗址发掘报告》，收录于《重庆库区考古报告集·1997 卷》，科学出版社，2001 年；福建省考古队、重庆万州区文物保管所：《万州涪溪口遗址发掘报告》，收录于《重庆库区考古报告集·1998 卷》，科学出版社，2003 年；福建省考古队、重庆万州区文保所：《万州涪溪口遗址第三次发掘报告》，收录于《重庆库区考古报告集·1999 卷》，科学出版社，2006 年。

③ 重庆市博物馆、益阳市文物管理处、重庆万州区文物管理所：《万州黄柏溪遗址发掘报告》，收录于《重庆库区考古报告集·1998 卷》，科学出版社，2003 年。

④ 西北大学考古队、万州区文物管理所：《万州中坝子遗址发掘报告》，收录于《重庆库区考古报告集·1997 卷》，科学出版社，2001 年。

⑤ 青海省文物考古研究所、重庆市文物考古所、南京师范大学文博系：《万州大地嘴遗址发掘简报》，收录于《重庆库区考古报告集·1998 卷》，科学出版社，2003 年。

⑥ 重庆市博物馆、万州区文管所、复旦大学文博系：《万州麻柳沱遗址发掘报告》，收录于《重庆库区考古报告集·1998 卷》，科学出版社，2003 年。

址①、关木溪遗址②等，这一地区的新石器考古学文化均属于新石器晚期玉溪坪文化范畴。以苏和坪遗址、黄柏溪遗址和涪溪口遗址为代表，陶器大多为平底器，有少量圈足器和圜底器。1999 年对苏和坪遗址进行第二次发掘时，首次发现并清理了一座新石器时代的木骨泥墙房屋遗迹，遗迹内包含完整的居住面和灶、柱洞等附属结构，同时出土了多件大型陶制容器和精细的磨制石器，这一发现也使得苏和坪遗址成为三峡地区新石器中晚期文化的代表性遗址，并被评为 1999 年度三峡库区十大考古发现之一。地坪式房屋、大型石器作坊的发现，说明了当时人们相对稳定的定居生活方式；出土的大量磨制石器、打制石器以及鱼骨、兽骨，反映了以渔猎为主的经济类型③。

夏代中晚期到商代早中期，这一阶段代表性遗址有中坝子遗址④、苏和坪遗址⑤、麻柳沱遗址等⑥。这一阶段的陶器以夹砂红褐陶居多，另有较多的灰褐陶，少量的泥质陶，大部分陶片为素面，纹饰以绳纹为主，另有少量的附加堆纹、划纹及少量的复合纹饰，可辨的器型以罐为主，另有少量夹砂灰褐陶的灯形器。小平底罐、高柄豆、灯形器、鸟头形把勺、器盖等陶器与典型三星堆文化极为类似。多数人认为这一阶段文化性质应该属于三星堆文化的一个地方类型，与川西平原的三星堆文化有一定的差距，与鄂西、川西同属一个大的文化圈⑦。商晚期到西周早期属于石地坝文化范畴，陶器多圜底

① 山东大学考古系、重庆市文化局、重庆市万州区文管所：《万州大周溪遗址发掘报告》，收录于《重庆库区考古报告集·1999 卷》，科学出版社，2006 年。

② 重庆市文物考古所、重庆市文物局、万州区博物馆：《万州关木溪遗址发掘简报》，收录于《重庆库区考古报告集·2001 卷（上）》，科学出版社，2007 年。

③ 白九江：《重庆地区的新石器文化：以三峡地区为中心》，巴蜀书社，2010 年。

④ 西北大学考古队、万州区文物管理所：《万州中坝子遗址发掘报告》，收录于《重庆库区考古报告集·1997 卷》，科学出版社，2001 年；西北大学考古队：《万州中坝子遗址第三次发掘简报》，收录于《重庆库区考古报告集·1999 卷》，科学出版社，2006 年。

⑤ 重庆市文物考古所、重庆市文物局、万州区文管所：《万州苏和坪遗址第二次发掘报告》，收录于《重庆库区考古报告集·2000 卷（上）》，科学出版社，2007 年。

⑥ 重庆市博物馆、万州区文管所、复旦大学文博系：《万州麻柳沱遗址发掘报告》，收录于《重庆库区考古报告集·1998 卷》，科学出版社，2003 年。

⑦ 江章华：《渝东地区商周时期考古学文化研究》，《考古学报》2007 年第 4 期。

器、尖底器，典型器有耸肩平底罐、尖底杯、尖底盏、圆底釜、高柄豆、高领壶、船形杯等。从西周中晚期开始至春秋中期，考古学文化的代表是瓦渣地文化，代表性遗址有麻柳沱遗址、塘房坪遗址①、巴豆林遗址②。这一时期考古学文化吸收了石地坝文化的部分文化因素，发展出了具有鲜明地方特征的花边口器，与成都平原直接传承十二桥文化的新一村文化风格迥异，表现出巴蜀分化加剧的发展路线③。

春秋、战国到西汉早期，重庆地处四川盆地与江汉平原的交通走廊处，受周边秦、楚两种强势文化影响甚深，考古学文化较为复杂，晚期巴文化承袭瓦渣地文化因素发展而来，蜀、巴、秦、楚多种文化交错杂糅④。这一时期代表性遗址有中坝子遗址⑤、大坪墓地⑥、大丘坪墓群⑦等。大坪墓地是一处规模较大的春秋末期至战国中期的巴文化墓地，主要随葬圆底罐、釜、豆、单耳铜鍪、柳叶剑、弓耳矛、图形印章等巴文化遗物。中坝子东周时期墓葬具有明显的晚期巴文化特征，后期墓葬中蜷屈葬式可能是受秦文化的影响，与秦人灭巴的史实相符。墓葬出土的陶豆上刻画与"巴蜀图语"类似的文字、太阳、五星等符号。这一时期墓葬在文化面貌上表现出以一种文化为主体，多种文化因素相互交融的文化现象。其中最为突出的是巴、楚文化的

① 重庆市文化局三峡办、陕西省考古研究所三峡考古队：《万州塘房坪遗址发掘报告》，收录于《重庆库区考古报告集·1998卷》，科学出版社，2003年；陕西省考古研究所三峡考古队、重庆市文物局、重庆市万州区博物馆：《万州塘房坪遗址2001年考古发掘报告》，收录于《重庆库区考古报告集·2001卷（中）》，科学出版社，2007年。

② 重庆市文物考古所、重庆市文物局、重庆市万州区博物馆：《万州巴豆林遗址发掘报告》，收录于《重庆库区考古报告集·2001卷（中）》，科学出版社，2007年。

③ 孙华：《四川盆地的青铜时代》，科学出版社，2000年。

④ 方刚：《四十年来重庆夏商周考古综述》，收录于《巴渝文化》，成都时代出版社，2021年。

⑤ 西北大学考古队、万州区文物管理所：《万州中坝子遗址发掘报告》，收录于《重庆库区考古报告集·1997卷》，科学出版社，2001年；西北大学考古队、万州区文物管理所：《万州中坝子遗址东周时期墓葬发掘报告》，收录于《重庆库区考古报告集·1998卷》，科学出版社，2003年。

⑥ 重庆市文物局、重庆市移民局：《万州大坪墓地》，科学出版社，2006年。

⑦ 重庆市文物局、重庆市移民局：《万州大丘坪墓群》，科学出版社，2014年。

相互影响，折射了战国时期巴楚交相攻伐，势力不断消长的历史。另外，麻柳沱遗址发现的地坪式房屋一般有红烧土地面和圆形灶坑；房屋使用时间长，经反复修缮；在房屋附近发现有用于占卜的龟甲；遗址存在聚落活动区转移的现象，显示出聚落规模扩大和人口增加的信息。遗址内出土的打制、磨制石器、青铜工具及铜

大丘坪墓地出土车马饰器（汉）

器冶铸遗物，动物骨骸种类、数量呈递增的现象，表现出经济形态存在重渔轻农的现象。

汉至六朝时期遗存十分丰富，主要以墓葬为主，重要的有大坪墓地、大丘坪墓群、金狮湾墓群[1]、武陵墓群[2]、新乡墓群[3]、大地嘴墓地[4]、安全墓地[5]、

[1]　重庆市文物局、重庆市水利局：《万州金狮湾墓群》，科学出版社，2020年。

[2]　重庆市文物局、重庆市移民局：《万州武陵墓群》，科学出版社，2018年。

[3]　上海大学文物考古研究中心、北京大学考古文博学院、万州区文物管理所：《万州银家嘴墓群2002年度发掘简报》，收录于《重庆库区考古报告集·2003（一）卷》，科学出版社，2019年；重庆市文化遗产研究院、开封市文物工作队、万州区文物管理所：《万州嘴嘴墓群2003年度发掘简报》，收录于《重庆库区考古报告集·2003卷（三）》，科学出版社，2019年。

[4]　青海省文物考古研究所、重庆中国三峡博物馆：《万州大地嘴墓地2000年度发掘简报》，收录于《重庆库区考古报告集·2003卷（一）》，科学出版社，2019年。

[5]　陕西省考古研究所、万州区文物管理所：《万州安全墓地发掘报告》，收录于《重庆库区考古报告集·1997卷》，科学出版社，2001年；重庆市文化局、陕西省考古研究所：《万州安全墓地发掘报告》，收录于《重庆库区考古报告集·1998卷》，科学出版社，2003年。

大丘坪墓地出土陶罐（汉）　　　　　　　　大丘坪墓地出土陶井（汉）

糖坊墓群①、柑子梁墓群②等。从墓葬形制来看，有长方形、近方形、"凸"字形、刀形等；从构筑材料来看有土坑、砖室、石室、砖石相混、崖墓等几类。万州大坪墓群发现两汉墓葬 61 座、蜀汉至南朝墓葬 30 座，墓葬类型多样，出土各类遗物近千件。瓦子坪遗址③、糖坊墓群发掘墓葬近百座，墓地排列有规律，盛行合葬，是建立东汉晚期至南朝墓葬发展序列的重要墓地，也是一处典型的家族墓地。武陵地区是万州最重要的汉晋墓群密集区，发现大丘坪墓群、柑子梁墓群等约 20 处，清理墓葬近 1000 座，以武陵石墓阙为代表，出土遗物丰富。文献记载，北周武帝建德四年（575 年）置武宁县，隋开皇初废除。大量墓地材料证明，武陵始于战国，汉晋繁盛，早在武宁置

① 山东省博物馆：《万州糖坊墓群 2002 年度发掘简报》，收录于《重庆库区考古报告集·2003 卷（三）》，科学出版社，2019 年。

② 洛阳市第二文物工作队：《万州柑子梁墓群 2002 年度发掘简报》，收录于《重庆库区考古报告集·2003 卷（三）》，科学出版社，2019 年；洛阳市第二文物工作队：《万州柑子梁墓群 2003 年度发掘简报》，收录于《重庆库区考古报告集·2003 卷（三）》，科学出版社，2019 年。

③ 山东省博物馆、山东省文物考古研究所、重庆市文物局、重庆市万州区文物管理所：《万州瓦子坪遗址发掘报告》，收录于《重庆库区考古报告集·2001 卷（上）》，科学出版社，2007 年。

县之前，已经成为万州长江沿岸重要的区域中心。此外，王家沱遗址发现的7座六朝时期的房址均属木骨泥墙建筑，保存较好，是六朝时期峡江民居的一种类型①。

唐宋明清时期最重要的发现是早期市镇遗址、各时期墓葬遗存以及宗教考古相关遗存。市镇遗址中具有代表性的是位于武陵镇禹安村的涪溪口遗址

大丘坪墓地出土陶屋模型（汉）

和下中村的下中村遗址，这两个市镇遗址相距较近，遗存所反映的文化内涵基本一致，是峡江地区中小型市镇类遗存的代表。结合下中村遗址的具体地理方位，有学者认为下中村遗址所在地就是宋代的武宁县县治所在地②。唐墓发现较少，在万州武陵、下中村等地点发现了部分唐墓，弥补了该时期墓葬材料的不足。出土遗物较少，多为青瓷盘口壶、执壶、四系罐、唾壶、风字砚、银簪、铜镜、铁剪、开元通宝等。宋明时期墓葬流行砖、石室并穴合葬，常随葬民窑烧造的各类瓷器、铁钱③。中坝子出土的金、铜造像的发现

① 重庆市博物馆、上海大学文物考古研究中心、重庆市文化局、万州区文物管理所：《万州王家沱遗址发掘报告》，收录于《重庆库区考古报告集·1999卷》，科学出版社，2006年。

② 李映福：《三峡地区早期市镇的考古学研究》，巴蜀书社，2010年；重庆市文物局、重庆市移民局：《万州下中村遗址》，科学出版社，2017年。

③ 方刚：《四十年来重庆考古综述》，收录于《重庆文物考古论集（第一辑）》，科学出版社，2021年。

为研究万州隋唐时期佛教信仰问题提供了第一手资料①。十龙门摩崖造像、马家溪造像、甘霖洞造像等为研究当地明清时期宗教考古提供了重要材料。

（二）配合基本建设考古工作

相较于三峡工程文物保护，万州区境内配合基本建设开展的考古工作相对较少。进入 21 世纪后，随着国家和社会对文物保护工作的日益重视，基本建设工程的文物保护工作逐渐增多，涉及的建设工程领域也更加广泛。高速公路、高速铁路、港口码头等交通类别项目逐年增加；水电、风电、水库等能源类别不断突破；工业园、开发区等市政建设项目大力推进。

据不完全统计，自 2008 年以来，先后开展了重庆忠县至万州高速公路建设工程考古调查（2013 年）、万州经开区考古调查（2013 年）、渝万铁路建设工程改线补充调查（2013 年）、万利高速公路考古调查（2013 年）、渝万铁路建设工程地下文物保护（2013 年）、忠万高速公路建设工程地下文物保护（2013 年）、万州万利高速公路地下文物保护（2014 年）、郑万铁路考古调查（2015 年）、万州蒲叶林风电场工程征地区考古调查（2015 年）、万州青龙水库建设工程考古调查（2016 年）、万州区石笋沟水库建设工程考古调查（2016 年）、万州环线高速公路南段文物调查（2017 年）、万州双河口水库考古调查（2017 年）、郑万铁路地下文物保护（2017 年）、万州伤兵梁墓地考古调查（2018 年）、万州天生天城项目调查勘探（2018 年）、万州经开区工业园文物调查勘探（2021 年）、达州至万州铁路（重庆段）建设工程文物调查勘探（2022 年）等多项配合基本建设的文物考古调查、发掘工作，及时抢救保护了一大批珍贵文物遗存。

---

① 冉万里：《重庆万州中坝子遗址发现唐代佛教金铜造像》，《考古与文物》，2004 年第 2 期。

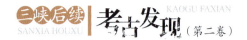
三、三峡后续考古成果综述

万州区后续三峡考古工作包括两方面的内容：一是针对万州区三峡消落区的抢救性考古工作，二是围绕大遗址保护工作开展的考古工作。

随着三峡后续工作的全面铺开，万州区境内的考古工作再次迎来新的局面。据统计，万州区境内开展的三峡后续考古工作共25项，除配合遗址公园建设开展的天生城遗址考古发掘外，其余24项均为消落区范围内的抢救性发掘。累计完成考古发掘面积16608.5平方米，清理墓葬167座，出土各类文物标本1400余件（套），墓葬的年代涵盖战国、汉至六朝、宋、明清等时期。

1	大丘坪墓群	2	熊绍福墓群
3	大湾墓群	4	瓦屋墓群
5	中坝河墓群	6	老屋嘴墓群
7	观音庙窑址	8	龚家院子墓群
9	拖路口墓群	10	晒网坝遗址瓦子坝遗址点
11	黄沙背墓群	12	瓦子堡窑址
13	杨家坝遗址	14	上河坝墓群王天丘墓葬点
15	万顺墓群	16	李家嘴墓群
17	小沱墓地	18	包上墓群
19	银加嘴（李家嘴）	20	大坪墓群黄金塝墓地
21	五丈溪墓地	22	天生城遗址

图　例

◉ ◉	县级行政中心（旧址、新址）
○ ○	街道、乡、镇（旧址、新址）
○ ○	其他居民点（旧址、新址）
- - - - -	县级界
——	省级界
	库区范围
	回水淹没区

万州境内三峡后续考古项目位置示意图

另外，清理了少量明清时期窑址、灰坑和房址。通过几个年度的考古工作，有效保护了三峡后续消落区地下文物，为相关考古问题的研究提供了更为丰富的实物资料。

为配合天生城遗址的保护、规划和展示，重庆市文物考古研究院对天生城遗址开展了几个年度的考古，取得了重要进展，对研究四川盆地宋元（蒙）战争期间山城防御体系具有重要意义。《天生城遗址保护规划》、《天生城大遗址公园初步设计方案》及《天生城遗址文物本体保护修缮方案》、《万州天生城大遗址考古工作计划（2018—2020 年）》等方案的编制有效地促进遗址的保护、规划和展示。

万州区境内三峡后续考古项目统计表

序号	项目编码	文物点名称	发掘年度	发掘面积（平方米）	备注
1	2011–07	大丘坪墓群	2012 年	650	三峡后续消落区地下文物保护项目
2	2011–08	熊绍福墓群	2012 年	400	三峡后续消落区地下文物保护项目
3	2013–06	熊绍福墓群	2012 年	450	三峡后续消落区地下文物保护项目
4	2013–07	大湾墓群	2012 年	650	三峡后续消落区地下文物保护项目
5	2013–08	瓦屋墓群	2012 年	300	三峡后续消落区地下文物保护项目
6	2013–09	中坝河墓群	2012 年	300	三峡后续消落区地下文物保护项目
7	2013–26	老屋嘴墓群	2013 年	808	三峡后续消落区地下文物保护项目
8	2013–27	观音庙窑址	2013 年	200	三峡后续消落区地下文物保护项目
9	2013–28	龚家院子墓群	2013 年	850	三峡后续消落区地下文物保护项目

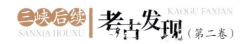

续表

序号	项目编码	文物点名称	发掘年度	发掘面积（平方米）	备注
10	2013—29	拖路口墓群	2013 年	600	三峡后续消落区地下文物保护项目
11	2013—30	大丘坪墓群	2014 年	680	三峡后续消落区地下文物保护项目
12	2014—07	晒网坝遗址瓦子坝遗址点	2015 年	1120	三峡后续消落区地下文物保护项目
13	2014—08	黄沙背墓群	2014 年	518.5	三峡后续消落区地下文物保护项目
14	2014—09	瓦子堡窑址	2014 年	807.5	三峡后续消落区地下文物保护项目
15	2014—10	杨家坝遗址	2015 年	1414	三峡后续消落区地下文物保护项目
16	2014—13	上河坝墓群王天丘墓葬点	2015 年	530	三峡后续消落区地下文物保护项目
17	2016—07	万顺墓群	2018 年	800	三峡后续消落区地下文物保护项目
18	2016—08	李家嘴墓群	2018 年	500	三峡后续消落区地下文物保护项目
19	2016—09	金竹大嘴墓群	2016 年	304.5	三峡后续消落区地下文物保护项目
20	2016—09	瓦子坝墓地	2016 年	1600	三峡后续消落区地下文物保护项目
21	2016—27	包上墓群	2016 年	870	三峡后续消落区地下文物保护项目
22	2017—09	李家嘴墓群	2016 年	800	三峡后续消落区地下文物保护项目
23	——	黄金塝墓地	2011 年	1050	三峡后续消落区地下文物保护项目
24	——	五丈溪墓地	2012 年	406	三峡后续消落区地下文物保护项目
25	——	天生城遗址	2017-2021	9148	三峡后续大遗址保护项目
	合计			25756.5	

（一）战国时期遗存

战国时期墓葬发现相对较多，主要集中在大丘坪墓群、瓦子堡窑址、大湾墓群、晒网坝遗址、万顺墓群、李家嘴墓群、黄金塝墓地等。墓葬形制有长方形土坑竖穴墓、岩坑墓等，部分墓葬带有斜坡

大湾墓群土坑墓（战国）

李家嘴墓群土坑墓（战国）

李家嘴墓群土坑墓（战国）

墓道、生土或熟土二层台。随葬品大致可以分为两类，第一类以随葬礼器为主，其中铜礼器（含兵器）有壶、剑、矛组合，陶礼器有鼎、敦、壶组合，鼎、敦、壶、盖豆组合。第二类以随葬日用陶器为主，陶器组合为罐、豆、盂。峡江地区在战国时期是秦、楚、巴三国互相争斗融合的地方，尤以巴国

上河坝墓群土坑墓（西汉）

万顺墓群土坑墓（战国）　　　　　上河坝墓群土坑墓（新莽）

和楚国为主，这种两国文化之间的相互影响在黄金塝墓地也有所体现。研究者认为这批遗存与约在秦灭巴、蜀或及其后不久，楚文化的第三次大规模西进有关①。

（二）汉至六朝时期遗存

汉至六朝墓葬发现较多，分布于除瓦屋墓群和观音庙遗址之外的多处文物点。墓葬形制以砖室墓和土坑墓为主，有少量崖墓和石室墓，可辨别形状的墓葬平面多为"刀"把形、"凸"字形或长方形，土坑墓中普遍发现有碳灰和料礓石，应当是做棺床之用。出土遗物很丰富，包括陶、瓷、铁、铜、银、琉璃等不同质地的器物。两汉时期墓葬中瓷器少见，陶器多数为泥质红

---

① 重庆市文化遗产研究院、万州区文物管理所：《万州大坪墓群黄金塝墓地2011年发掘简报》，收录于《重庆三峡后续工作考古报告集（第一辑）》，科学出版社，2019年。

包上墓群土坑墓（西汉）　　　　　　　　包上墓群砖室墓（东汉至六朝）

包上墓群发掘区远景

万顺墓群发掘区全景

陶和泥质灰陶；南朝墓葬中瓷器数量明显增多，部分瓷器施化妆土。西汉墓葬中几乎不见明器，以日用器为主，有少量仿铜陶礼器；东汉墓葬的随葬品中则明器占多数。黄金塝墓地发现的窑址很可能专为两座砖室墓烧制墓砖而建。

日用器包括陶釜、陶盆、陶壶、陶灯、陶勺、陶豆、陶钵、陶罐、陶魁、陶杯、陶器盖、熏炉、陶甗、陶网坠、陶纺锤等。仿铜陶礼器数量较少，包括

万顺墓群砖石墓（东汉）

万顺墓群土坑墓（东汉）　　　　　　　　　拖路口墓群砖室墓（东汉）

陶鼎、陶豆、陶钫、陶篮等。西汉的仿铜陶礼器基本还延续着楚文化和巴文化的特征。金属类遗物有铜剑、铜鍪、铜镦、铜簪、铜洗、铜盆、铜钫、铜镜、铜泡钉、铜环、铜耳杯扣、铜带钩、铜钱、铁剑、铁鼎、铁剑、铁釜、铁刀、铁斧、铁锸、铁鍪、铁带钩、银指环、银钗等。铜钱包括秦半两、四铢半两、五铢、剪轮五铢、四铢、大泉五十、货泉、货布、直百五铢等。模型明器种类丰富，包括仓、樽、鼎、匜、釜、豆、井、博山炉、房、池塘、家禽、家畜和各类人物俑等。我们从种类丰富的明器中也能一窥当时人们的生活面貌，例如衣着、建筑形式、家畜家禽、娱乐活动等。除以上大宗器物外，还发现有碳精制作的印章和念珠，陶制砚台、石质算盘珠等。

（三）宋至明清时期考古收获

宋代墓葬4座，分别发现于瓦屋墓群和中河坝墓群，李家嘴墓地，有石室墓和砖室墓两类。石室墓总体形制与渝西地区的宋代墓葬相近。瓦屋墓群的宋代墓葬除券顶前部和部分封门被破坏外保存较完整，由封门、侧龛、棺床、券顶组成，出土白釉瓷碗1件。中河坝墓群的宋代墓葬破坏严重，墓顶缺失，封门和部分墓壁被严重破坏，仅残存墓室后壁、两侧壁后部、封门基石及后壁龛室，墓底保存较完好，无出土器物。后龛门楣浮雕莲花纹饰。

明清墓葬4座，分别发现于黄沙背墓群和瓦子堡墓群，均为土坑竖穴墓，平面近长方形，墓壁略内收，墓底平整，未见葬具及人骨。明清时期墓葬数量较少，但可以看出其共同的特征，对周边区域明清时期墓葬形制和丧葬习俗研究有一定的参考价值。

明清时期除了墓葬外，还有4座窑址，分别发现于黄沙背墓群、杨家坝遗址、观音庙遗址、李家嘴墓群。黄沙背墓群窑业堆积较为丰富，出土有匣钵、擂钵、陶罐及陶钵等器物，应是峡江地区一处较大的陶瓷生产地点。杨家坝遗址瓦窑由窑门、火塘、窑床、烟道四部分组成，顶部坍塌，从残存情况推测其为圆弧形穹窿顶。窑内未发现遗物，仅窑床上残存有明清时期筒瓦，据此判断其为明清时期瓦窑。这些发现进一步充实了万州及峡江地区这

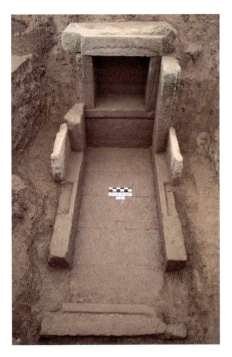

中坝河墓群石室墓（宋）

瓦屋墓群石室墓（宋）

瓦屋墓群石室墓（明）

一时期的窑址资料，为研究这一地区的手工业技术、社会经济等提供了考古学实物资料。

四、三峡后续代表性考古发现

（一）黄金塝墓地

黄金塝墓地位于万州区新田镇五一社区，分布面积近 2000 平方米。2011年，重庆市文化遗产研究院对该墓群进行了抢救性考古发掘，共清理战国岩坑墓葬 9 座，两晋时期砖室墓葬 2 座、窑址 1 座，发掘面积 1050 平方米。9座战国时期岩坑墓各墓之间不见打破关系，多数墓葬埋藏较深，形制结构相似，打破生土及基岩，墓壁修葺平整，口大底小，略呈斗形。葬具为一椁一

土坑墓（战国）

土坑墓（战国）

棺或单棺。出土随葬品组合可分为两大类：第一类以随葬礼器为主，铜器（含兵器）有壶、剑、矛组合，陶器有鼎、敦、壶组合和鼎、敦、壶、盖豆组合；第二类以随葬日用陶器为主，陶器组合为罐、豆、盂。从墓葬形制、随葬品特征、器物组合看，该墓地应为一处典型的峡江地区战国中晚期楚文化墓葬。该墓地总体规模不大、墓葬密集、时代相近，有学者认为这批遗存与约在秦灭巴、蜀或及其后不久，楚文化的第三次大规模西进有关。

两座砖室墓平面分别呈长方形和"凸"字形，其中后者规模较大，由短斜坡墓道、长方形甬道和长方形墓室三部分组成。该墓已被扰乱，现存随葬品有青瓷罐、青瓷碗和铜币等。推测其埋葬年代为六朝时期。

大坪墓群黄金塝墓地全景（东南—西北）

窑址破坏较严重，仅残余窑室后半部，窑室后壁一字排开3烟道，窑床上清晰残留窑栅痕迹。窑室底部残留有较多几何形纹和标有"富贵"字样的残断墓砖。推测其年代应为六朝时期，很可能专为两座砖室墓烧制墓砖而建。

（二）大丘坪墓群

大丘坪墓群位于万州区武陵镇东北部的下中村七组，地处长江北岸一级台地上。2012年、2014年，作为三峡后续消落区地下文物保护项目，重庆市文化遗产研究院和万州区博物馆开展了两个年度的考古发掘，共清理墓葬8座，其中战国土坑墓4座，西汉土坑墓2座，东汉砖室墓2座，出土器物87件（套）。大丘坪墓群M1在出土有典型的楚式陶鬲的同时，铜戈、铜矛又带有明显的巴文化特征；M3出土了巴人墓地中常见的矮柄豆和陶釜，而M7中出土的铜镦、铜镞、铁铤则与周边地区楚文化墓葬出土同类器物相似；另外，大丘坪墓群出土的1件胡人吹箫俑的形制非常少见，只在丰都槽房沟墓

砖室墓（东汉）

土坑墓（战国）　　　　　　　　　砖室墓出土器物场景（东汉）

群和大湾墓群分别发现一件类似陶俑。该俑头戴尖帽，头发卷曲外露一周，高鼻，深目，高颧骨，络腮胡，交领长袍，坐姿为跪坐。可以确定该俑是胡人形象无疑，出土该器物或许可以说明胡人在这一时期已经进入万州地区。从该俑形象可以看到他带着胡人的尖顶帽，却穿着汉代流行的深衣，并且使用汉文化的"跪坐"坐姿，可以看出汉文化对胡人文化的影响，进入汉域的胡人为了更好地适应生活而主动学习汉代地方文化习俗①。

---

① 重庆市文化遗产研究院、万州区博物馆：《万州大丘坪墓群 2012 年发掘简报》，收录于重庆市文物局、重庆市文化遗产研究院编著《重庆三峡后续工作考古报告集》（第一辑），科学出版社，2019 年。

（三）老屋嘴墓群

老屋嘴墓群位于万州区东北黄柏乡金山村 8 社，2013 年，为配合三峡后续消落区地下文物保护项目，重庆市文化遗产研究院和万州区博物馆对该墓群进行了发掘。共清理东汉墓葬 5 座，均为砖室墓，相互之间并行排列，且呈"一"字形分布，无叠压打破关系，用砖略显统一，葬制较为一致，很可能属一处家族墓地。出土器物以陶器为主，有杯、仓、钵、罐、甑、釜、豆、器盖等多种类型，大多为泥质红陶，部分施薄釉，除陶碗、陶壶外多数为明器。除陶器外还有念珠、铁斧、铜钱等。M2 出土有车马器，应当有车马类陪葬，但由于当地泥巴胶结较甚，以及遗存保存状况较差，很难清理出车马原状。老屋嘴墓地背靠金山，前邻长江，南面有河流分叉，北面自然回缩，自古到今皆被视为风水宝地，墓葬内随葬品较丰富，还出土有车马器，墓主人可能属于较为富裕的地主阶层。老屋嘴墓群是近年来在消落区地下文

砖室墓（东汉）　　　　　　　　　砖室墓（东汉）

砖室墓（东汉）　　　　　　　　　　　砖室墓（东汉）

物保护中发现的规模较大的汉代墓群，具有一定的区域代表性，进一步充实和丰富了万州及峡江地区这一时期的墓葬资料。大量文物的出土，为研究这一地区的历史文化提供了重要的实物资料。

老屋嘴墓地环境

（四）熊绍福墓群

熊绍福墓群位于万州区高峰镇朝阳村3组，2012年，为配合三峡后续消落区地下文物保护项目，重庆市文化遗产研究院和西南民族大学对该墓群进行了发掘，共计发掘墓葬14座。包括战国晚期、东汉晚期土坑墓各1座，东汉晚期砖室墓1座，东汉至南朝时期石室墓5座，东汉至南朝时期崖墓6座。虽然大部分墓葬被盗扰、破坏严重，发现很少或未发现随葬器物，但其中4座石室墓的墓壁发现一批石刻画像，包括鱼、马、骑行、鱼鹰抓鱼、蟾蜍、蛙、仓房等图像，除蟾蜍和蛙为浮雕外，其余图案均为阴线浅刻，工艺古拙、粗陋，反映了这一地区东汉至南朝时期的丧葬习俗。土坑竖穴墓M8仅

砖室墓局部（东汉）

石室墓鱼纹（南朝）

石室墓蛙纹浮雕（南朝）

石室墓鱼纹（南朝）

石室墓（六朝）

石室墓（六朝）

石室墓局部（六朝）

石室墓画像石（六朝）

石室墓鱼纹（六朝）

石室墓马纹（六朝）

存 30 ～ 50 厘米高的墓底，却出土了保存很好的四穿铜戈和较为完整、时代明确、明显带有楚文化特征的两套鼎、敦、豆、壶陶器组合。熊绍福墓群的发掘，为三峡地区古代物质文化研究增添了新材料。①

（五）李家嘴墓群

李家嘴墓群位于万州区新乡镇万顺村 5 组，2016 年和 2018 年，为配合三

---

① 西南民族大学、重庆市文化遗产研究院、万州区博物馆：《重庆万州熊绍福墓群发掘简报》，《中国国家博物馆馆刊》，2018 年第 9 期。

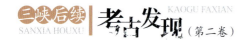
峡后续消落区地下文物保护项目，重庆市文化遗产研究院、中国人民大学、宜昌博物馆等单位对该墓群进行了发掘，共清理遗迹24处，其中竖穴土坑墓20座，砖室墓4座，窑址1座，出土陶、瓷、铜、铁、银、石各类质地文物364余件（套）。竖穴土坑墓均无墓道，墓室平面多数呈长方形，少量呈近正方形，并且较深，从形制和随葬品看应为多人葬。砖室墓中，M9为刀把形墓，由甬道、墓室两部分组成，甬道及墓室券顶已不存；M17为长方形墓，由长斜坡墓道、甬道、墓室组成，除墓室券顶有盗洞外，整体保存良好。Y1为"馒头窑"，残存有窑门、火塘、窑床、火道、烟道部分，窑壁不存，火

土坑墓（战国）

土坑墓出土器物组合（东汉）

银加嘴墓地（李家嘴墓群）鸟瞰

土坑墓（东汉）

土坑墓随葬品（东汉）

土坑墓（东汉）

土坑墓（东汉）

塘内有明代板瓦和瓷片，应为明代瓦窑。2016 年发掘的 M1 和 M4 分别随葬的绳纹圜底罐、楚式青铜剑，为战国墓葬所常见。M9 虽是六朝墓葬形制，但出土有斗笠碗、瓷壶、瓷罐等多件宋代瓷器，应是宋代借用六朝墓的借室葬。

17 号墓（六朝）

M17 据墓葬形制和随葬品判断为六朝。2018 年发掘的 M3 出土的铜戈具有典型巴文化风格，为战国晚期墓葬，M7 出土的铜錾和铜矛也为战国晚期墓葬所常见。其余墓葬均为东汉墓。

（六）杨家坝遗址

杨家坝遗址位于万州区长坪乡金福村三组，为配合三峡后续消落区地下文物保护项目，由重庆市文化遗产研究院、中国人民大学于 2015 年对该遗址进行考古发掘。共清理汉至六朝墓葬 13 座、窑址 1 座，出土器物 116 件

杨家坝遗址远景

（套），以瓷器、陶器为主。该遗址最引人瞩目是算盘珠的出土。石质算盘珠出自杨家坝遗址东汉墓，该墓出土陶器8件、算盘珠1枚、碳精石印章1枚、铜钱20枚，墓主人家境较为富裕。陶制算盘珠出自杨家坝遗址南朝墓，该墓出土青瓷碗5件、银钗1枚、算盘珠1件，铜钱1枚。关于珠算最早的文字记载出自东汉徐岳的《数术记遗》。从出土器物来看，两座墓葬墓主人身份等级并不高，可能是普通商人，算盘珠的出土或许说明万州地区的珠算

砖石墓（新莽）

砖室墓（六朝）

砖室墓（东汉）

砖室墓（六朝）

瓦窑（明）

在东汉至南朝时期已经开始普及。

（七）晒网坝遗址瓦子坝遗址点

晒网坝遗址瓦子坝遗址点位于万州区新乡镇万顺村1组，地处长江南岸二级台地上。为配合三峡后续消落区地下文物保护项目，由重庆市文化遗产研究院、西南民族大学于2015年对该遗址进行考古发掘。发掘面积1120平方米，共清理墓葬11座，房基1处，石槽1处。其中砖室墓4座、竖穴土坑墓9座。从墓葬形制看，砖室墓多为刀形，土坑墓多为峡江地区战国至汉代常见的土坑墓，部分墓葬带有熟土或生土二层台。M6出土巴人墓地常见

土坑墓（战国）

土坑墓出土器物（新莽）

土坑墓（西汉）

土坑墓（西汉中晚期）

砖室墓后壁（南朝）

的矮柄豆和陶釜，M12 器物组合为战国中晚期楚墓常见的鼎、豆、壶组合，但是部分器物形制却带有巴文化特征。M3、M5、M9、M10 所出"半两"钱、大平底罐、陶钫是峡江地区西汉中晚期常见器物。M7、M11 出土钱币主要为王莽时期铲形"货布"、"大泉五十"、"货泉"，等，结合墓葬形制，应为王莽至东汉初的典型墓葬。M1、M13 为砖室墓，出土瓷器，为深腹、高饼

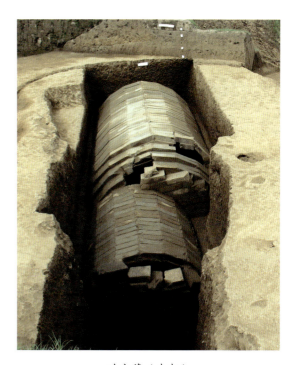

砖室墓（南朝）

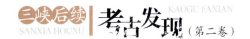

足瓷盏、瓷唾壶、盘口壶具有明显的南朝特征。该墓地从战国延续至南朝，时代序列较为完整，出土器物丰富，为研究峡江地区战国至南朝时期的丧葬习俗提供了新的实物资料。

（八）瓦子坝墓地

瓦子坝墓地位于重庆市万州区新乡镇万顺村 3 社长江南岸一处缓坡地带，为配合三峡后续消落区地下文物保护项目，由重庆市文化遗产研究院、中国人民大学于 2016 年对该墓地进行考古发掘。清理墓葬 12 座，其中"凸"字形砖室墓 1 座，竖穴土坑墓 11 座。该墓地时代涵盖西汉早中期、西汉中晚期、新莽、东汉中晚期，另外还有部分墓葬无法定年代。属于西汉早中期的 M6 为宽长方形土坑竖穴墓，出有两套完全相同的仿铜陶礼器鼎、簋、壶，所出陶鼎足较高且略呈蹄状，器腹底部较平，另出有一把青铜剑。西汉中晚期 M11、M12

瓦子坝墓群发掘区全景

为宽长方形土坑竖穴墓。随葬器物以陶钵、陶罐、陶豆等为主，不见模型明器。东汉中晚期 M1 为凸字形砖室墓。所出圜底罐口部较小，执物俑、扶耳俑头等为峡江地区东汉常见的陶俑种类，制作较为粗糙，形体较小。

土坑墓（西汉）

土坑墓（西汉）

土坑墓（西汉）

土坑墓（西汉）

砖室墓（东汉）

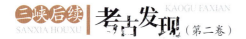

（九）金竹大嘴墓群

金竹大嘴墓群位于重庆市万州区新田镇谭绍村 4 社长江南岸一处缓坡地带。2016 年，为配合三峡后续消落区地下文物保护项目，由重庆市文化遗产研究院、中国人民大学对该墓地进行考古发掘，共清理砖室墓 5 座。墓葬平面以长方形或带甬道的刀把形为主，除 M1、M2 保留部分券顶外，其余墓葬上部结构不明。M1 所出"五铢"朱字圆折，陶碟为红陶施黄褐色釉，陶钵为红陶施绿釉，均常见于峡江东汉墓葬中，其年代应当在王莽之后。M2 所出青瓷盏、青瓷钵具有较为鲜明的六朝时期特点，在峡江地区的六朝墓中多有出现。M3、M4、M5 无随葬品，从菱形几何纹的花纹砖和榫卯砖推测，应当为东汉时期墓葬。

（十）天生城遗址

天生城遗址位于万州区周家坝街道天生城社区，地处长江北岸，临近苎溪河与长江交汇处。城址所在天城山为一南北向展布的脊状独立残丘，由鹅

天生城遗址全景

北外城城墙 （西侧）

石臼（宋）

墙基局部（宋）

水井（宋）

灰沟近景（宋）

内城城墙（南段）

宋代房址（F3）全景

炮台

灰坑（明清）

嘴壳、鹅公包、鹅公颈和天城山主体四部分组成，长约 1500 米。大致呈南北走向，地势由北向南大体呈增高趋势，东西两侧多为缓坡与陡崖交替上升至山顶。为了廓清天生城遗址的历史脉络，厘清其文化内涵，重庆市文化遗产研究院对该城址先后开展了多个年度的考古工作。

考古调查和发掘情况表明，万州天生城始建于宋元（蒙）战争的历史背景之下。2017 年的发掘工作取得了重要突破，调查新发现城（卡）门、城墙、采石场、炮台、道路等文物点 28 处，发掘城墙、城门、房址、道路、排水沟、水池、灰坑及石（砖）墙等各类遗迹 66 处。考古工作基本廓清了城址宋代以来内外两重城圈的布局结构，确认天生城由山顶台城、东外围城及北外子城三部分组成。首次发现了保存较好的宋代城垣、道路及采石场遗迹等，弥补了城址年代相关空白与缺环，支撑了真实性与完整性。将遗址本体的分

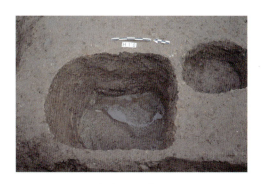

灰坑（明清）

房址（西→东，明清）

后寨门

布范围由孤立的山顶环城，向北扩大到西北鹅公包一带，向南扩大到东外二级山崖，印证了《宣相杨公攻取万州之记》中"一鼓而拔其外城"的相关记载。前后寨门（卡门）瓮城、东外城北门及鹅公包宋、清两个时期城门城墙的叠压关系，为研究城址变迁与沿革提供了重要线索。①

2019年，在遗址西南部首次发现了小范围的新石器至商周时期的堆积，出土了部分陶片和石器，将天生城人类活动的历史向前推进了一大步。在中寨门附近发现了宋代地层堆积，清理多处宋代遗迹，出土包括瓷、铁、铜、石、骨等不同质地的遗物。明清至民国时期的遗存是天生城遗址的主体，这一时期的遗迹分布范围广、数量多、保存状况较好。遗迹以房址为主，还包括墙体、排水沟、灰坑等。遗物数量众多，以青花瓷为主。

通过几个年度的考古工作，逐步厘清了天生城的历史脉络，丰富了遗址的文化内涵，为天生城大遗址的保护规划和展示利用打下了坚实的基础，为天生城遗址公园的建设提供了科学的考古资料，这些工作将进一步促进地方文旅融合，带动地方经济的发展。

---

① 重庆市文化遗产研究院、重庆文化遗产保护中心：《重庆三峡后续工作考古出土文物图集》，科学出版社，2020年。

陶鼎

———————————

大湾墓群出土
战国

陶鼎

———————————

大湾墓群出土
战国

陶壶

———————————

大湾墓群出土
战国

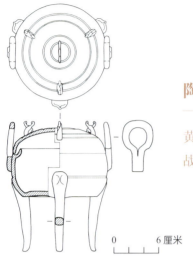

陶鼎

黄金墣墓地出土
战国

0   6 厘米

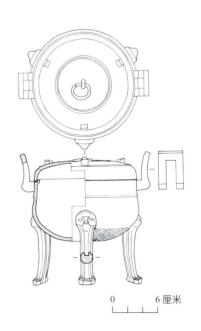

陶鼎

黄金墣墓地出土
战国

0   6 厘米

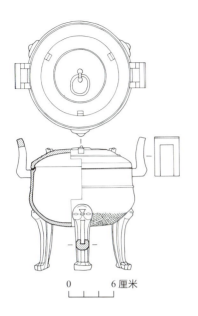

陶鼎

黄金墓墓地出土
战国

0   6 厘米

铜壶

黄金墓墓地出土
战国

0   6 厘米

陶敦

黄金塝墓地出土
战国

陶敦

黄金塝墓地出土
战国

陶敦

黄金塝墓地出土
战国

陶鼎形器

黄金塝墓地出土
战国

陶鬲

大丘坪墓群出土
战国

陶鼎

晒网坝遗址出土
战国

陶釜

黄金塝墓地出土
战国

陶钵

大湾墓群出土
战国

陶盂

黄金塝墓地出土
战国

陶盆

晒网坝遗址出土
战国

陶钵

李家嘴墓群出土
战国

陶罐

李家嘴墓群出土
战国

陶豆

晒网坝遗址出土
战国

陶豆

晒网坝遗址出土
战国

陶豆

晒网坝遗址出土
战国

陶豆

大丘坪墓群出土
战国

陶壶

李家嘴墓群出土
战国

陶壶

黄金塝墓地出土
战国

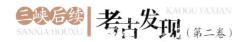

陶钵

大湾墓群出土
战国

陶豆

大湾墓群出土
战国

陶豆

大湾墓群出土
战国

陶豆

黄金塝墓地出土
战国

陶豆

黄金塝墓地出土
战国

铜箭镞

大丘坪墓群出土
战国

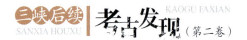

陶钵

大湾墓群出土
战国

陶豆

黄金塝墓地出土
战国

陶豆

黄金塝墓地出土
战国

陶豆
————————
黄金塝墓地出土
战国

陶豆
————————
黄金塝墓地出土
战国

铜带钩
————————
李家嘴墓群出土
战国

陶壶

晒网坝遗址出土
战国

陶罐

李家嘴墓群出土
战国

陶罐

李家嘴墓群出土
战国

陶罐

黄金塝墓地出土
战国

陶壶

黄金塝墓地出土
战国

陶壶

黄金塝墓地出土
战国

铜戈

大丘坪墓群出土
战国

铜戈

李家嘴墓群出土
战国

铜戈

大湾墓群出土
战国

铜匜

李家嘴墓群出土
战国

铜鍪

李家嘴墓群出土
战国

陶勺

大湾墓群出土
战国

铜剑

李家嘴墓群出土
战国

铜剑

黄金墕墓地出土
战国

铜矛

大丘坪墓群出土
战国

铜矛

黄金塝墓地出土
战国

铜矛

黄金塝墓地出土
战国

铜矛

李家嘴墓群出土
战国

铜鐏

大丘坪墓群出土
战国

铜镦

李家嘴墓群出土
战国

铜箭镞

大丘坪墓群出土
战国

陶网坠

小沱墓地出土
西汉

陶罐

包上墓群出土
西汉

陶罐

包上墓群出土
西汉

陶釜

包上墓群出土
西汉

陶罐

包上墓群出土
西汉

陶罐

包上墓群出土
西汉

陶罐

包上墓群出土
西汉

陶豆

包上墓群出土
西汉

陶鼎

晒网坝遗址出土
西汉

陶灯

包上墓群出土
西汉

陶豆

包上墓群出土
西汉

陶豆

小沱墓地出土
西汉

陶灯

包上墓群出土
西汉

陶罐

晒网坝遗址出土
西汉

陶罐

大丘坪墓群出土
西汉

陶罐

晒网坝遗址出土
西汉

陶罐

晒网坝遗址出土
西汉

陶罐

大丘坪墓群出土
西汉

陶罐

上河坝墓群出土
西汉

陶碗

包上墓群出土
西汉

陶甑

小沱墓地出土
西汉

陶钵

大丘坪墓群出土
西汉

陶碗

上河坝墓群出土
西汉

陶碗

上河坝墓群出土
西汉

陶钵

大丘坪墓群出土
西汉

陶罐

小沱墓地出土
西汉

陶簋

小沱墓地出土
西汉

陶困

上河坝墓群出土
西汉

陶罐

晒网坝遗址出土
西汉

陶罐

小沱墓地出土
西汉

陶壶

小沱墓地出土
西汉

陶井盖

大丘坪墓群出土
西汉

铜镦

包上墓群出土
西汉

鎏金铜耳杯扣

大丘坪墓群出土
西汉

铜剑

小沱墓地出土
西汉

铜剑

包上墓群出土
西汉

铜镜

包上墓群出土
西汉

铜镜

上河坝墓群出土
西汉

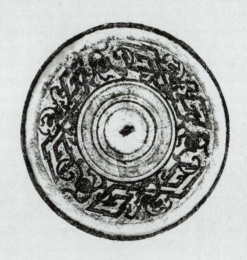

铜镜

上河坝墓群出土
西汉

铜鍪

上河坝墓群出土
西汉

铜盆

上河坝墓群出土
西汉

铜器底

包上墓群出土
西汉

铜带钩

李家嘴墓群出土
西汉

铜带钩

包上墓群出土
西汉

铜带钩

包上墓群出土
西汉

铜钩

李家嘴墓群出土
西汉

铜环

五丈溪墓地出土
西汉

铁削

五丈溪墓地出土
西汉

铁削

五丈溪墓地出土
西汉

陶罐

五丈溪墓地出土
西汉末至东汉初

陶罐

五丈溪墓地出土
西汉末至东汉初

陶罐

五丈溪墓地出土
西汉末至东汉初

陶钵

五丈溪墓地出土
西汉末至东汉初

陶瓴

五丈溪墓地出土
西汉末至东汉初

铜鍪

五丈溪墓地出土
西汉末至东汉初

铁支架

五丈溪墓地出土
西汉末至东汉初

铁钁

上河坝遗址出土
新莽

铁剑

晒网坝遗址出土
新莽

陶罐

晒网坝遗址出土
新莽

陶罐

晒网坝遗址出土
新莽

陶罐

晒网坝遗址出土
新莽

陶罐

上河坝遗址出土
新莽

陶盆

上河坝遗址出土
新莽

陶罐

上河坝遗址出土
新莽

陶罐

上河坝遗址出土
新莽

陶鼎

晒网坝遗址出土
新莽

陶釜

上河坝遗址出土
新莽

陶罐

杨家坝遗址出土
新莽

陶罐

杨家坝遗址出土
新莽

陶罐

杨家坝遗址出土
新莽

陶碗

晒网坝遗址出土

新莽

陶甑

杨家坝遗址出土

新莽

陶钵

上河坝遗址出土

新莽

铜盆

上河坝遗址出土
新莽

墓砖

杨家坝遗址出土
新莽

陶井架

上河坝遗址出土
新莽

陶壶

晒网坝遗址出土
新莽

铜铃

包上墓群出土
东汉

铜铃

包上墓群出土
东汉

铜镜

包上墓群出土
东汉

铜带钩

包上墓群出土
东汉

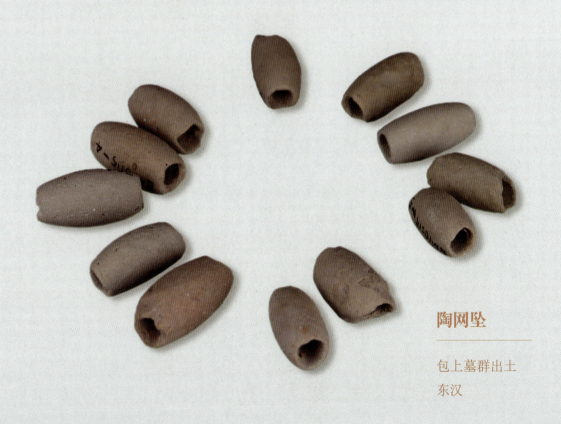

陶网坠

包上墓群出土
东汉

陶罐

包上墓群出土

东汉

陶罐

大丘坪墓群出土

东汉

陶釜

包上墓群出土

东汉

陶罐
包上墓群出土
东汉

陶罐
大丘坪墓群出土
东汉

陶罐
黄金塝墓地出土
东汉

陶俑

大丘坪墓群出土
东汉

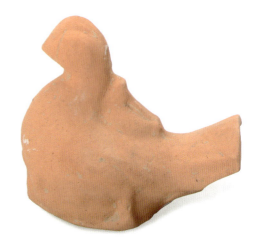

陶子母鸡

大丘坪墓群出土
东汉

陶猪

大丘坪墓群出土
东汉

陶勺

老屋嘴墓群出土
东汉

釉陶勺

大丘坪墓群出土
东汉

釉陶勺

拖路口墓群出土
东汉

陶博山炉炉座

包上墓群出土
东汉

陶碗

包上墓群出土
东汉

釉陶杯

老屋嘴墓群出土
东汉

陶碟

老屋嘴墓群出土
东汉

陶钵

老屋嘴墓群出土
东汉

陶钵

老屋嘴墓群出土
东汉

陶豆

老屋嘴墓群出土
东汉

釉陶博山炉座

老屋嘴墓群出土
东汉

石砚板

杨家坝遗址出土
东汉

釉陶博山炉盖

老屋嘴墓群出土
东汉

釉陶盖

老屋嘴墓群出土
东汉

釉陶盖

老屋嘴墓群出土
东汉

陶罐

老屋嘴墓群出土
东汉

釉陶罐

老屋嘴墓群出土
东汉

陶仓

老屋嘴墓群出土
东汉

陶鼎

老屋嘴墓群出土
东汉

陶釜

老屋嘴墓群出土
东汉

陶壶

老屋嘴墓群出土
东汉

陶匜

老屋嘴墓群出土
东汉

釉陶盆

老屋嘴墓群出土
东汉

陶盆

老屋嘴墓群出土
东汉

釉陶盏

拖路口墓群出土
东汉

釉陶魁

拖路口墓群出土
东汉

釉陶魁

老屋嘴墓群出土
东汉

陶罐

晒网坝遗址出土
东汉

陶罐

中河坝墓群出土
东汉

陶罐

拖路口墓群出土
东汉

陶碗

杨家坝遗址出土
东汉

陶灯

杨家坝遗址出土
东汉

釉陶壶

拖路口墓群出土
东汉

陶罐

杨家坝遗址出土
东汉

彩陶耳杯

晒网坝遗址出土
东汉

彩绘陶耳杯

晒网坝遗址出土
东汉

陶钵

中河坝墓群出土
东汉

陶罐

晒网坝遗址出土
东汉

陶罐

杨家坝遗址出土
东汉

釉陶碗

拖路口墓群出土
东汉

釉陶钵

拖路口墓群出土
东汉

釉陶釜

拖路口墓群出土
东汉

陶碗

杨家坝遗址出土
东汉

釉陶碗

拖路口墓群出土
东汉

釉陶碗

拖路口墓群出土
东汉

陶执物俑

小沱墓地出土
东汉

陶执物俑

小沱墓地出土
东汉

陶执物俑

小沱墓地出土
东汉

陶执锄俑
————

杨家坝遗址出土
东汉

陶执锄俑
————

杨家坝遗址出土
东汉

陶执锄俑
————

杨家坝遗址出土
东汉

釉陶博山炉盖

老屋嘴墓群出土
东汉

釉陶器座

拖路口墓群出土
东汉

陶壶

杨家坝遗址出土
东汉

釉陶博山炉器座

拖路口墓群出土
东汉

陶灯

杨家坝遗址出土
东汉

铜洗

上河坝墓群出土
东汉

陶楼

杨家坝遗址出土
东汉

陶池塘

杨家坝遗址出土
东汉

铜环

杨家坝遗址出土
东汉

碳精念珠

老屋嘴墓群出土
东汉

银指环

中河坝墓群出土
东汉

铁釜

老屋嘴墓群出土
东汉

琉璃耳珰

老屋嘴墓群出土
东汉

碳精石印章

杨家坝遗址出土
东汉

琉璃耳珰

杨家坝遗址出土
东汉

釉陶器盖

杨家坝遗址出土
蜀汉

陶仓

杨家坝遗址出土
蜀汉

釉陶匜

杨家坝遗址出土
蜀汉

瓷盏

龚家院子墓群出土
六朝

瓷盏

龚家院子墓群出土
六朝

瓷罐

黄金塝墓地出土
六朝

瓷钵

黄金塝墓地出土
六朝

瓷盏

龚家院子墓群出土
六朝

瓷碗

杨家坝遗址出土
六朝

瓷碗

晒网坝遗址出土
六朝

瓷碗

晒网坝遗址出土
六朝

瓷碗

晒网坝遗址出土
六朝

瓷盆

五丈溪墓地出土
六朝

瓷碗

瓦子堡窑址出上
六朝

瓷器盖

杨家坝遗址出土
六朝

瓷唾壶

万顺墓群出土
六朝

瓷盘口壶

晒网坝遗址出土
六朝

瓷盘口壶

晒网坝遗址出土
六朝

瓷碗

黄沙背墓群出土
六朝

瓷盏

小沱墓地出土
六朝

瓷壶

黄沙背墓群出土
六朝

瓷虎子

五丈溪墓地出土
六朝

瓷罐

五丈溪墓地出土
六朝

瓷罐

五丈溪墓地出土
六朝

瓷盏

小沱墓地出土
六朝

瓷碗

熊绍福墓群出土
六朝

瓷钵

五丈溪墓地出土
六朝

陶罐

五丈溪墓地出土
六朝

陶罐

五丈溪墓地出土
六朝

陶双系罐

晒网坝遗址出土
六朝

瓷盏

熊绍福墓群出土
六朝

陶盆

五丈溪墓地出土
六朝

陶钵

五丈溪墓地出土
六朝

陶算珠

杨家坝墓群出土
六朝

鎏金铜泡

熊绍福墓群出土
六朝

银指环

瓦子堡窑址出土
六朝

银指环

熊绍福墓群出土
六朝

铜簪

瓦子堡窑址出土
六朝

银簪

瓦子堡窑址出土
六朝

铜簪

瓦子堡窑址出土
六朝

银钗

杨家坝墓群出土
六朝

铁削刀

瓦子堡窑址出土
六朝

铁削

晒网坝遗址出土
六朝

铁斧

瓦子堡窑址出土
六朝

铁箭镞

瓦子堡窑址出土
六朝

陶瓦当

大丘坪墓群出土
唐

瓷执壶

大丘坪墓群出土
唐

瓷执壶

大丘坪墓群出土
唐

青釉瓷碗

天生城遗址出土
宋

青釉瓷碗

天生城遗址出土
宋

青白釉瓷碗

天生城遗址出土
宋

瓷碗

瓦屋墓群出土
宋

青白釉瓷碗

天生城遗址出土
宋

青白釉瓷碗

天生城遗址出土
宋

白釉瓷碗

天生城遗址出土
宋

瓷碟

杨家坝遗址出土
宋

白釉瓷碗

天生城遗址出土
宋

黑釉瓷碟

天生城遗址出土
宋

黑釉瓷钵

天生城遗址出土
宋

黑釉瓷香炉

天生城遗址出土
宋

黑釉瓷盏

天生城遗址出土
宋

黑釉瓷盏

天生城遗址出土
宋

黑釉瓷碗

天生城遗址出土
宋

瓷瓶

天生城遗址出土
宋

黑釉瓷瓶

天生城遗址出土
宋

黑褐釉瓷壶

天生城遗址出土
宋

绿釉瓷瓶

天生城遗址出土
宋

铜瓶

天生城遗址出土
宋

瓷瓶

天生城遗址出土
宋

礌石夯头

天生城遗址出土
宋

礌石

天生城遗址出土
宋

礌石

天生城遗址出土
宋

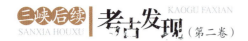

青花瓷碗

天生城遗址出土
明清

青花瓷碗

天生城遗址出土
明清

青花瓷碗

天生城遗址出土
明清

青花瓷盘

天生城遗址出土
明清

青花瓷器盖

天生城遗址出土
明清

釉陶罐

黄沙背墓群出土
明

釉陶罐

黄沙背墓群出土
明

釉陶罐

瓦子堡窑址出土
明

瓷罐

天生城遗址出土 　清

瓷罐

天生城遗址出土 　清

瓷罐

天生城遗址出土
清

玉圆牌

天生城遗址出土　　清

石方牌

天生城遗址出土　　清

铜方座

天生城遗址出土
清

忠县

篇

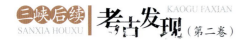

一、县域概况

（一）地理环境

忠县位于长江上游地区，重庆中部，地处三峡库区腹心。东邻石柱土家族自治县，南连丰都县，西接垫江县，北靠万州区、梁平县，介于东经107°3′～108°14′、北纬30°03′～30°35′之间。东西长66.45公里，南北宽60.15公里，面积2187平方公里。辖4个街道、19个镇、6个乡，有372个村（社区）。以汉族为主，有土家族、回族、苗族等少数民族。忠县县城依山傍水，独具岛城风貌，是三峡库区唯一留存的"半淹县城"。贞观八年（634年）唐太宗赐名忠州，民国二年（1913年）设忠县，是中国历史上唯一以"忠"字命名的县级行政区划。

忠县境内低山起伏，溪河纵横交错，境内呈"三山两槽"地形，其地貌由金华山、方斗山、猫耳山三个背斜和其间的拔山、忠州两个向斜构成，最高海拔1680米，最低海拔117米，属典型的丘陵地貌。

忠县地处暖湿亚热带东南季风区，属亚热带东南季风区山地气候。温热寒凉，四季分明，雨量充沛，日照充足。年均温18.2℃，无霜期341天，日照时数1327.5小时，日照率29%，太阳总辐射能83.7千卡/平方厘米，年降雨量1200毫米，相对湿度80%。

忠县境内有溪河28条，均属长江水系，从长江北岸汇入的有10条，南岸汇入的有11条，流经垫江、丰都后汇入的有7条，其中流域面积大于50平方公里的有8条。最大的溪河是㽏井河，其次是汝溪河。

长江自西向东横穿忠县，境内江段长88公里，年平均流量约1.24万立方米/秒。忠县年平均降水总量达26.2亿立方米，多年平均径流量11.48亿立方米，另有过境径流（含长江）3910亿立方米，水能理论蕴藏量约5.3万千瓦，可供开发利用的水能为4万多千瓦，已建成水电站33处，安装发电机59台，装机容量16465千瓦。

忠县水域面积 16.2608 万亩，其中江河面积 14.3 万亩，水库面积 0.6951 万亩，山坪塘面积 1.2557 亩。

（二）历史沿革

忠县历史悠久。忠县是巴文化的主要发祥地之一，有文字记载的历史达 2300 多年。而从中坝遗址的发掘发现可知，早在 5000 多年前忠县就有大规模人类活动。

周为巴国地，秦属巴郡。汉武帝元鼎五年（公元前 112 年），置临江县，仍属巴郡。王莽新政，改临江为监江。东汉复名临江县，梁大同六年（540 年）分巴郡置临江郡，领临江县，郡治设在临江县城。西魏废帝二年（553 年），分楚州临江郡置临州，州、郡治所在临江县。

隋开皇三年（583 年）废诸郡，罢临州临江郡，仍置临州。大业三年（607 年），罢州，县改属巴东郡。隋末义宁二年（618 年）复置临州，领临江、丰都二县。

唐贞观八年（634 年），因巴曼子刎首留城，严颜、甘宁忠勇，"义怀忠信"，改临州为忠州（临江县沿旧，属忠州领县）。天宝元年（742 年）改忠州为南宾郡。乾元元年（758 年）复为忠州，领临江、垫江、丰都、南宾、桂溪五县。

南宋咸淳元年（1265 年）以"度宗潜邸"故升忠州为咸淳府。时因宋末兵乱，乃徙治于皇华州。

元至元二十一年（1284 年）复名忠州，州治还于临江县城，忠州领临江、南宾、丰都三县。

明洪武中以州治临江县省入忠州，仍以临江县故城为州治。忠州领丰都、垫江二县。

清顺治五年（1648 年）明湖南巡抚朱容藩据夔州，自封国号监国，改忠州为大定府。雍正十二年（1734 年）升忠州为直隶州，领丰都、垫江、梁山三县。

民国二年（1913 年）4 月，废忠州为忠县，隶属东川道。民国二十四年

（1935 年）改属四川省第九行政督察区。

1949 年 12 月 7 日，中国人民解放军第四野战军西湖二支队指战员进城，忠县解放。12 月 8 日，由各界人士组成的忠县临时治安委员会成立。12 月 12 日，忠县人民政府成立。同年 12 月，忠县隶属川东行政公署万县专区。1950 年 1 月，经中共西南局批准，建立中共忠县县委。1951 年 1 月，废除保甲制，改保为村，改甲为邻，建立新的乡镇政权。1953 年起，忠县属四川省万县专员公署（后改名万县地区行政公署）管理。1997 年 6 月，忠县由四川省转为重庆直辖市管辖，万县市（后改名为万州区）代管。1998 年 2 月，设立重庆市万县移民开发区（后设置万州移民开发区），代管忠县等 6 县。2000 年 6 月 25 日，撤销万州移民开发区，忠县由重庆市直接管理。

（三）文物资源

根据第三次全国文物普查数据，忠县境内共登录不可移动文物 1046 处，其中古遗址 53 处，古墓葬 484 处，古建筑 331 处，石窟寺及石刻 134 处，近现代重要史迹及代表性建筑 42 处，其他遗迹 2 处，现有全国重点文物保护单位 2 处，重庆市文物保护单位 7 处，区县级文物保护单位 45 处。

二、既往考古工作简述

忠县区域内进行的科学性考古工作起步于 1957 年四川省博物馆为配合川东沿江地区的工农业大生产而进行的调查工作。本次调查发现了瓷井沟遗址。1958 年长江流域规划办公室组织对三峡地区长江沿岸进行了一次文物调查，四川省博物馆等单位再次调查了该遗址[①]，并于 1959 年对其进行了试掘工作[②]。20 世纪 60 年代初，在文化部文物局的部署下，四川省对包括忠县在内的全省各市县进行了第一次文物普查工作。而自 20 世纪 90 年代后期开始，为配合三

---

① 四川省博物馆：《川东长江沿岸新石器时代遗址调查简报》，《考古》1959 年第 8 期。
② 忠县试掘工作组：《忠县瓷井口新石器时代遗址试掘简况》，《文物》1959 年第 11 期。

峡工程建设而进行的考古保护工作成为忠县文物保护工作的重心，取得了重要收获。

（一）三峡工程文物保护考古工作

自 20 世纪 80 年代起围绕三峡工程的文物保护前期工作即开展起来，这一阶段主要是调查及试掘工作。1997 年随着三峡库区文物保护工程的启动，忠县文物保护工作全面开展起来。这一时期，无论考古勘探面积、文物点发掘数量、考古发掘面积以及出土器物数量等均得到高速发展。通过一系列的文物保护工作，忠县各时期遗存文化面貌得以全面揭示。忠县地下文物非常丰富，从文化内涵上看包括从旧石器时代至明清时期各个发展阶段，从地域分布上遍及整个淹没区。

旧石器时期的地下文物发现较少，较重要的有唐家河遗址[①]。其位于长江右岸支流易家河口附近的第二级阶地上，在阶地地面下约 2 米深处的原生黄褐色黏质粉砂层中，发现了少量石制品、石化程度较高的哺乳动物化石。该石器地点出土的文化遗物较少，可能是远古人类的临时活动场所。虽然石制品的类型和制作信息有限，但仍可以看出其性质与长江三峡第二级阶地其他古文化遗存的一致性，其时代可能属于新石器时代、旧石器时代的过渡阶段，对于探索三峡地区旧石器时代向新石器时代的过渡具有重要作用。

新石器时期遗存较多，主要有哨棚嘴遗址[②]、瓦渣地遗址[③]、中坝遗址[④]、

---

① 中国科学院古脊椎动物与古人类研究所，重庆自然博物馆，河北省阳原县文物保护管理所，重庆市忠县文物管理所：《忠县唐家河石器地点发掘报告》，收录于《重庆库区考古报告集·1999 卷》，科学出版社，2006 年。

② 北京大学考古学研究中心、北京大学考古文博学院三峡考古队、忠县文物保护管理所：《忠县哨棚嘴遗址发掘报告》，收录于《重庆库区考古报告集·1999 卷》，科学出版社，2006 年。

③ 北京大学考古学系三峡考古队、忠县文物保护管理所：《忠县瓦渣地遗址发掘简报》，收录于《重庆库区考古报告集·1998 卷》，科学出版社，2003 年。

④ 四川省文物考古研究所、忠县文物保护管理所：《忠县中坝遗址发掘报告》，收录于《重庆库区考古报告集·1997 卷》，科学出版社，2001 年。

杜家院子遗址①等。这一地区的新石器遗存非常丰富，考古学文化发展脉络较为清晰，可以分为由早到晚的几支考古学文化。新石器时代中期遗存以哨棚嘴遗址1999年度第一期早段为代表，与玉溪上层遗存较为接近，二者应属于同一类遗存。新石器时代晚期的遗存最为丰富，可以分为三支考古学文化，从早到晚分别属于哨棚嘴文化、玉溪坪文化、中坝文化。哨棚嘴文化以忠县哨棚嘴遗址为代表，卷沿罐器物群盛行，时代与大溪文化中晚期相当，距今5500～5100年。该遗址经过多年度发掘，出土了丰富的遗存，遗迹主要有大量灰坑和墓葬，遗物方面包括陶器、青铜器等精美文物，时代上包括了新石器时代、青铜时代以及汉至明清时期，以新石器时代和青铜时代遗存为主。按1999年度发掘报告可分为早晚七期。前三期属于新石器时代遗存，分别命名为哨棚嘴一期文化、哨棚嘴二期文化、哨棚嘴三期文化。商周时期遗存分别属于三星堆文化、石地坝文化和瓦渣地文化。哨棚嘴遗址的发掘揭示了这一地区先秦文化的完美图景，对于研究这一地区先秦时期考古学文化序列和发展脉络有着非常重要的意义。哨棚嘴文化与玉溪上层文化遗存一脉相承，与东边的大溪文化分界大致在瞿塘峡。大溪文化晚期阶段，哨棚嘴文化日益强盛，跨过瞿塘峡到达了大溪遗址。哨棚嘴文化与川西高原岷江流域的营盘山遗存也有着密切的关系。

瓦渣地遗址位于忠县城关镇红星村长江左岸的二级阶地上，东临长江，西部为陡崖，南面不远处为杜家院子遗址，北隔选溪河与哨棚嘴遗址相望。包括了新石器时代晚期和商周时期遗存。新石器时代晚期遗存应属于中坝文化。西周中期到春秋时期遗存较有特点，其时该遗址主要是用作窑场和相关产业（盐业）的制作工场。陶器以夹砂陶为主，以圜底器为大宗，出土了数量大、种类多的花边口圜底罐。有学者以该遗址为这类遗存的典型遗址，将这类遗存命名为瓦渣地文化。该遗址的发现和研究，对于

---

① 成都文物考古研究所、重庆市文物局、忠县文物保护管理所：《忠县杜家院子遗址发掘简报》，收录于《重庆库区考古报告集·2001卷》，科学出版社，2007年。

研究商周时期的制陶业和制盐业意义重大，同时对于研究先秦时期这一地区的考古学文化序列也有着重要作用。

中坝文化以忠县中坝遗址为代表，花边缸器物群盛行，距今 4600 ～ 3700 年。其中，中坝文化前期距今 4600 ～ 4300 年，属新石器文化的最后阶段；后期距今 4300 ～ 3700 年，已经跨入了夏纪年范畴。中坝遗址位于忠县县城正北 6 公里㽏井河两岸的台地上。该遗址地层丰富，叠压打破关系清楚，遗存种类多，文物丰富，为该遗址的分期提供了有利条件，该遗址的分期对于建立这一地区考古学文化的编年序列有着非常重要的意义。从新石器时代历经商周时期，至秦汉及以后各时段，都有非常重要的考古发现，解决了众多学术问题。新石器时代遗存非常丰富，证明了"哨棚嘴文化"与老关庙文化的是同一考古学文化的不同发展阶段。夏代遗存中土著因素的识别为研究渝东地区土著新石器文化的流向指明了方向。2000 年度发掘的唐代地层中，还发现了排列有序的盐灶多座[1]，为这一时期的制盐工业研究提供了重要的参考资料。

杜家院子遗址位于忠县城关镇红星村三组的沿江一级台地上，该遗址于 1957 年由四川省博物馆做长江沿岸调查时发现，2002 年成都市文物考古研究所等对其进行了发掘，发掘面积 1000 平方米，发现有新石器时期遗迹及遗物，文化面貌与哨棚嘴遗址、瓦渣地遗址大致相同。

商周时期遗存非常丰富，其中以哨棚嘴遗址、中坝遗址、王家堡遗址、老鸦冲遗址[2]、崖脚墓地[3]、罗家桥遗址[4]等为代表。中坝遗址的发

① 四川省文物考古研究院、北京大学考古文博学院：《中坝遗址的盐业考古研究》，《四川文物》2007 年第 1 期。

② 重庆市文物考古所、重庆市文物局：《忠县老鸦冲遗址（居址部分）发掘简报》，收录于《重庆库区考古报告集·2000 卷》，科学出版社，2007 年。

③ 北京大学考古学研究中心等：《忠县崖脚墓地发掘报告》，收录于《重庆库区考古报告集·1998 卷》，科学出版社，2003 年。

④ 成都文物考古研究所等：《忠县杜家院子罗家桥遗址发掘报告》，收录于《重庆库区考古报告集·2002 卷》，科学出版社，2010 年。

展序列最为完整，代表了这一地区商周时期遗存的基本面貌，包括夏代、商代和两周遗存。夏商时期遗存属于三星堆文化，也有学者称其为三星堆文化渝东类型；两周遗存为瞻井沟文化。1997年以来，忠县崖脚墓地发现数十座战国中期楚墓和少量小型战国晚期巴式墓。崖脚墓地这批楚墓是分布于最西端的典型楚墓群，年代下限不晚于公元前278年白起拔郢时期。罗家桥遗址地属忠县忠州镇郑公村长江东北岸的沿河台地上。2001年和2002年由成都市考古所对该遗址进行两次发掘，发掘面积达1500平方米，战国、两汉各类墓葬17座，其战国墓10座，年代从战国中期至战国晚期，皆为宽长方形土坑墓，从墓葬形制和出土随葬器物观察，楚文化特征明显。王家堡、老鸦冲、中坝等多数遗址大量发现陶网坠、骨制鱼钩、骨锥、石斧、石锛的现象说明，重庆多数地区还属于以渔猎为主的经济类型。

秦汉及以后时期遗存以墓葬为主，其中将军村墓群[①]、老鸦冲—王家堡墓地[②]、崖脚墓地、火电厂崖墓群最为重要，出土了大量墓葬和随葬品。这一时期的墓葬以家族墓为主。

将军村墓群清理汉晋多种形制墓葬257座，出土文物近4000件，发现了蜀汉乌阳石墓阙、刘宋泰始五年（469年）石柱、南朝大型石避邪等重要文物，是重庆地区规格最高的东汉六朝墓地。老鸦冲墓群和王家堡墓地是一处大型公共墓地，发现西汉中期至东汉早期土坑墓约200座，墓地缺乏总体规划，有五个不同时代的墓区，从时间顺序早晚看出墓区规模渐小，成组墓葬的排列规律逐渐明显，总体表现出社会结构由大族群向小家族的逐渐转化。崖脚墓地位于忠县县城东北郊约3公里的长江北岸的缓坡状台地上，行

---

① 李大地：《忠县花灯坟汉至六朝墓群及东汉乌阳阙》，收录于《中国考古学年鉴·2003》，文物出版社，2004年。重庆文化遗产保护中心、重庆市文物考古所：《重庆忠县将军村墓群重要考古发现与收获》，《中国文物报》2009年3月27日，第5版。

② 重庆市文物考古所，重庆市文物局：《忠县老鸦冲遗址（墓葬部分）发掘简报》，收录于《重庆库区考古报告集·2000卷（下）》，科学出版社，2007年。

政区划属忠县忠州镇郑公村 9 到 11 队（现属忠州镇郑公社区），墓地总面积约 48000 平方米。1994 年度北京大学考古学系（现为考古文博学院）负责对三峡水库淹没区忠县地下文物调查试掘时发现，其后分别在 1997、1998、1999、2000 年对该墓地进行了数次发掘，清理总面积达 6076 平方米，发现并清理战国至宋代各类墓葬百余座，其中战国楚文化墓葬近 50 座，另外在该墓地发现同时期巴人墓葬数十座，为研究战国中晚期巴楚文化交流融合提供了宝贵资料。同时，崖脚墓地为迄今发现的最西缘的楚文化。火电厂崖墓群是重庆地区唯一保存基本完好的崖墓群，该墓群延续时间长，从东汉中晚期到南朝刘宋时期，发现成组的、排列有序的崖墓，较多的金银、珠宝、料器，此外，还有双重莲瓣纹的鸡首壶、圆腹虎子等。大量墓葬的发现为研究这一时期的墓葬制度提供了重要资料。

另外忠县中坝遗址 2000 年度发掘的唐代地层中，发现了排列有序的盐灶多座[①]。

（二）配合基本建设考古工作

忠县境内配合基本建设开展的考古工作总体不多。进入 21 世纪后，为配合工程建设而开展的抢救性发掘工作逐渐增多。例如，2014 年为配合梁忠高速公路建设，重庆市文化遗产研究院对王家坝崖墓群进行了考古发掘，共清理汉至六朝时期崖墓 5 座，为研究峡江地区汉至六朝崖墓形制与葬俗等提供重要的实物资料。2017 年对忠县移民生态工业园征地所涉及宋明时期墓葬 27 座进行了发掘清理工作，另资料留取清代墓葬 70 座。在一定程度上弥补了忠县晚期墓葬材料的不足，进一步完善了该区域的文化序列。

---

① 四川省文物考古研究院、北京大学考古文博学院：《中坝遗址的盐业考古研究》，《四川文物》2007 年第 1 期。

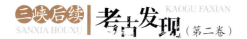
三、三峡后续考古成果综述

随着三峡后续考古工作的全面开展，忠县境内的文物保护工作也陆续启动，主要围绕消落区地下文物抢救保护和大遗址保护两个主题而开展。其中大遗址保护为对皇华城遗址开展的一系列考古工作；消落区范围内抢救性发掘共8项，累计发掘面积8507平方米，出土器物标本2000余件／套。通过科学的考古工作，发现了丰富的古代遗存，在时代上涵盖商周、汉至六朝、唐宋及明清各个时期，以汉至六朝时期为主；遗址类型上可分为遗址和墓地两类，墓地占绝大多数，除坪上遗址、临江二队冶锌遗址外，其他均为墓地。以下以时代为序简单介绍。

忠县境内三峡后续考古项目统计表

序号	项目编码	文物点名称	发掘年度	发掘面积（平方米）	备　注
1	2013—10	瓦窑六队墓群	2013	352	三峡后续消落区地下文物保护项目
2	2014—18	沿江二队墓群	2013	400	三峡后续消落区地下文物保护项目
3	2014—19	渔洞墓群	2014	200	三峡后续消落区地下文物保护项目
4	2014增3	临江二队遗址	2014	2113	三峡后续消落区地下文物保护项目
5	2016—11	临江二队冶锌遗址	2017	2798	三峡后续消落区地下文物保护项目
6	2016—29	坪上遗址	2016	1010	三峡后续消落区地下文物保护项目
7	2016—30	溪口墓群	2018	430	三峡后续消落区地下文物保护项目

续表

序号	项目编码	文物点名称	发掘年度	发掘面积 （平方米）	备　注
8	2016–31	龙洞墓群	2016	1204	三峡后续消落区地下文物保护项目
9	——	皇华城遗址	2018	5200	三峡后续大遗址保护项目
合计				13707	

1 瓦窑六队墓群
2 沿江二队墓群
3 渔洞墓群
4 临江二队遗址
5 临江二队冶锌遗址
6 坪上遗址
7 溪口墓群
8 龙洞墓群
9 皇华城遗址

图　例

◉ ◎　县级行政中心（旧址、新址）
○ ○　街道、乡、镇（旧址、新址）
○ ○　其他居民点（旧址、新址）
------　县级界
——　省级界
　　　库区范围
　　　回水淹没区

忠县境内三峡后续考古项目位置示意图

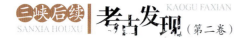

（一）先秦时期遗存

先秦时期遗存仅见于坪上遗址。共清理商周时期灰坑 2 个，出土遗物以夹砂灰褐陶、红褐陶片为主，另有少量的泥质褐陶，可辨器形有高领罐、花边口罐、卷沿罐等，纹饰有绳纹、网格纹、捏窝纹等；另有少量石器。

（二）汉至六朝时期

汉至六朝时期的遗存数量较为丰富，但遗存类型主要是以墓葬为主。在坪上遗址、瓦窑六队墓群、沿江二队墓群、渔洞墓群、溪口墓群、沿江一队汉墓群、龙洞墓群等文物点均有分布。墓葬时代自西汉晚期延续到六朝时期。墓葬形制较为多样，有崖墓、岩坑墓、土坑墓、砖室墓、石室墓等。墓葬平面形状有长方形、凸字形、刀把形等。出土器物以陶器为主，实用器有罐、钵、瓮、甑、盆、杯、仓、博山炉等，明器有井、塘、房、案、俑等；其他材质器物有铜鍪、铜洗、铁釜、铁削、琉璃耳珰、五铢钱等。这一时期的墓葬数量较多、形制多样，在重庆库区具有一定的代表性，对丰富古代文化内涵、深入了解西汉至六朝时期墓葬发展传承、丧葬习俗等具有重要的价值。

（三）唐至明代遗存

唐至明代遗存主要有坪上遗址、临江二队（冶锌）遗址。其中坪上遗址有唐宋地层，堆积厚度约 1 米，出土有大量豆青色瓷片、白瓷片和缸胎陶片，器类主要有罐、碗、瓶等。

临江二队（冶锌）遗址为一处炼锌遗存。三峡地区的炼锌遗址主要分布在丰都县镇江镇至忠县洋渡镇沿长江两岸台地，绵延 20 余公里，共计 21 处，在我国古代手工业考古中具有举足轻重的地位。2013 年，在消落区考古工作中新发现的忠县临江二队遗址是三峡地区乃至全国目前发现并进行考古发掘的时代最早、面积最大的炼锌遗址。该遗址的冶炼工作区域以马槽形的冶炼炉为中心，炼炉两侧有柱洞，可供搭建工棚之用，其周围分布有堆煤坑、炼煤坑、拌泥坑、蓄水坑等一系列冶炼工作配套遗迹。自 2013 年后，2017、2018 年又对该遗址进行了两次发掘，发掘总面积超 7000 平方米，清理包括冶炼炉在内的炼锌遗迹 300 余处，出土以冶炼罐、冷凝窝为主的各类遗物 1700 余件。经测年推断遗址始炼年代为明代中期，对探讨我国古代"下火上凝"式炼锌工艺流程的产生、发展以及三峡地区古代政治、经济和社会发展水平具有重要意义。

四、三峡后续代表性考古发现

（一）皇华城遗址

皇华城遗址位于忠县忠州街道顺溪社区，位于长江之中的皇华岛上，距忠县县城约 8 公里。地理坐标处于东经 108°04′31″～108°06′36″，北纬 30°19′28″～30°20′39″，海拔 142～237 米，三峡工程蓄水后面积约 1.5

皇华城遗址高空影像

平方公里，现为三峡库区最大的江中岛。皇华城在《水经注》中称江浦，南宋咸淳年间，忠州因度宗潜邸升咸淳府，移府治于此。皇华城为宋蒙战争中山城防御体系的重要组成部分，现已公布为县级文物保护单位。

2016年，为配合皇华城湿地公园建设项目，重庆市文化遗产研究院对皇华城城址开展了文物调查。2018年，皇华城考古发掘项目列入《重庆市三峡后续工作2019年度规划项目库》，重庆市文化遗产研究院编制了《忠县皇华城考古发掘实施方案》，并通过了重庆市移民局组织的评审。2018年5至8月，在忠县文物局支持下，重庆市文化遗产研究院开展了皇华城遗址考古调查试掘工作，在梳理文献记载和既往研究资料基础上，主要围绕"线、面、点"三个方向开展："线"是城墙的调查清理；"面"是城内遗存的调查；"点"是重要遗存及节点的探沟试掘。工作方式以调查清理、刮铲剖面、资料留

大湾民居院坝石碑

摩崖题刻

栅子门

城墙排水沟

水井

水井

陶家岩采石场

陶冲采石场

取和分散式、小规模探沟试掘为
主。同时，针对城址孤岛移民现
状，开展了初步的口述史调查工
作。调查面积约 1.3 平方公里，
布置探沟 10 条，发掘面积 113.5
平方米。调查发现墩台、城门、
道路、采石场、墓地、水井等文
物点 55 处，清理出土一批宋代
至明清时期陶瓷生活用器、建筑
构件及铜钱等。基本掌握了皇
华城城圈闭合情况和城墙结构特
征，初步探明了城内遗存分布及
文化层堆积状况，为后续考古工
作打下了良好基础。

　　皇华城阶段考古工作以实物
印证了皇华城宋末筑城的史实，
通过探沟及城墙剖面清理，找到
了筑城之前及城墙废弃之初的的
地层堆积，卡准了城址的年代上
限与下限。调查发现除部分段落
有晚期松散堡坎叠压外，城墙未
见统一修葺迹象，说明城址宋末
以后军事防御功能彻底废弃，明
清均无大规模修城活动。城址布
局方面，目前可明确城址由城圈
闭合的山顶环城及分布于西北江

锁口溪墩台

大湾遗址建筑基址

外城墙

棕树坪城门

城墙剖面 　　　　　　　　　　　　　　　一字城墙

边一带的外城墙构成，但不是机械的"回"字型内外双重城圈结构，初步分析外城墙是依山就势，在地形较缓处为加强防御而局部构筑。城址东北部为重点防御区，集中于溪沟两岸高地设置四处墩台，与城墙形成交叉打击面，一字城墙的设置亦与墩台有直接关系。

皇华城整体保存较好，布局结构完整，历史沿革清晰，文化堆积厚重，文物类型丰富。与其他同类山城比较，皇华城还具有以下三个方面的特点：一是"四面江滩合，一洲烟树横"的特殊地理环境，城址踞岛围城、环江为壕，在山城防御体系营造理念中别开生面、独树一帜。二是度宗潜藩的独特历史地位，忠州因而升咸淳府，"一城、一府、一帝"为城址增添了别样历史底蕴。三是纯粹的城址时代面貌，城址较好地保留了宋末的原始状况，明

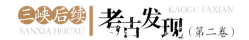
清以来及晚期没有大规模破坏重筑，相较其他山城，具有高度的原真性和完整性。

（二）坪上遗址

坪上遗址位于忠县洋渡镇鱼洞村五组，地处长江东岸二级台地上，地势由东向西呈缓坡地带。遗址所在区域历史文化丰富，上游与临江二队冶锌遗址隔溪相望，下游有哨棚嘴遗址、瓦渣地遗址、中坝遗址等重要的先秦时期遗址以及乌杨将军村、崖脚、老鸹冲等两汉时期重要墓群。遗址所在地洋渡镇，自古以来均属巴郡，古称"洋渡溪"。该遗址是2013年重庆市文化遗产研究院开展冶锌遗址发掘时在周围区域调查时发现的，当时在江岸台地清理了一段剖面，出土有大量商周时期陶片，初定为一处商周遗址。2017年

坪上遗址发掘区全景

土坑墓（西汉）

砖室墓（东汉）

砖室墓随葬品

重庆市文化遗产研究院对其进行了发掘工作，发掘面积共计1010平方米，时代涵盖商周至明清时期。清理商周灰坑2个，出土遗物以夹砂灰褐陶、红褐陶片为主，另有少量的泥质褐陶，可辨器形有高领罐、花边口罐、卷沿罐等，纹饰有绳纹、网格纹、捏窝纹等；另有少量石器。另清理15座汉至六朝时期墓葬。墓葬形制多样，有土坑墓、石室墓、砖室墓、瓮棺葬等。墓葬总体出土随葬品丰富，以大量生活实用器为主，兼有少量小型模型明器，大部分墓葬填土中均出土了带盖陶罐，个别罐外壁涂有朱砂，应该是有意识的祭祀行为，一定程度上说明该墓地可能为一处家族墓地。唐宋时期堆积内出土了大量豆青色瓷片、白瓷片和缸胎陶片，器类有碗、罐、壶、缸等，个别器物有明显烧制变形的现象。还发现有烧制宋代筒瓦的陶窑。从以上迹象判断，唐宋时期该遗址应该有频繁的人类活动，可能是一处手工业作坊。

（三）瓦窑六队墓群

瓦窑六队墓群位于重庆市忠县乌杨镇沿溪村 4 社。墓群地处长江右岸的二级阶地上，由两个临江的土包组成。该墓群于 1994 年 4 月由北京大学考古学系在进行库区文物调查时发现。2003、2004 年由湖南长沙考古所对该墓群进行了考古发掘，发掘面积 1900 平方米。清理一批汉至六朝时期墓葬，类型有砖室墓和土坑墓两类，出土器物有陶器、瓷器、铁器、铜器等几百件。2012 年重庆市文物考古研究院对该墓群进行了第二次考古发掘，发掘面积 352 平方米，共清理汉代土坑墓、石室墓各 1 座，另清理砖瓦窑 1 座。出土器

土坑墓（西汉）

砖室墓（东汉）

砖室墓随葬品

砖室墓随葬品

窑（明清）

窑开口照（明清）

物共82件，以陶器为主，另有少量铜器、铁器和钱币。陶器有罐、钵、仓、盆、盂、盘、耳杯、俑、井、案等；铜器有鍪、洗、匜、箍等；铁器有釜、削；另有五铢钱等钱币。土坑墓时代大致在西汉晚期，石室墓时代为东汉中晚期，砖瓦窑时代为明清。

（四）沿江二队墓群

沿江二队墓群位于忠县洋渡镇渔洞村5社的长江南岸临江台地，小地名叫坪上院子。墓群在2008年消落区地下文物专项调查时确认为消落区地下文物点，2013年重庆市文物考古研究院、忠县文物局对该墓群进行了

沿江二队墓群勘探工作

砖室墓（东汉）

发掘，共清理汉墓4座，其中砖室墓3座，石室墓1座，发掘面积400平方米，共出土陶质罐、甑、钵、盆、俑、仓及琉璃耳铛、五铢钱等61件器物。其中1座砖室墓（M1）内出土有5个双唇罐，4个是泥质黑皮陶，1个泥质灰陶。这些双唇罐造型优美，做工精良，火候较高，是不多见的生活陶器。其中有两个罐中仍密封有半罐液体，推测极有可能为酒。而在另一座墓（M2）中出土的大口罐上发现有铭文"甬"，应该是盛酒的容器。这一发现为我们研究汉代制酒、储酒工艺提供了珍贵的实物资料。

（五）龙洞墓群

龙洞墓群位于忠县东溪镇天堑村5组，地处长江南岸龙洞山体的东、北坡地上。2017年10月，重庆市文化遗产研究院对忠县东溪镇龙洞墓群开展了考古勘探发掘工作，截至2018年1月，田野发掘工作基本完成。共计完成调

龙洞墓群 I、II 区全景

崖墓局部（汉至六朝）　　　　　　　　崖墓局部（汉至六朝）

查面积约 2 平方公里，勘探面积约 5000 平方米，发掘面积 1204 平方米，发现并清理东汉、六朝时期岩坑墓、崖墓 18 座，出土陶、瓷、铜、铁质遗物标本 160 余件（套）。本次发掘共分为 I、II、III 三个发掘区，其中 I 区（11 座）、II 区（2 座）为岩坑墓，III 区（5 座）为崖墓。

崖墓是本次发掘最重要的发现，共计 16 座，均为"凸"字形带墓道墓葬，可分为单室和带壁龛两种，各 8 座。墓葬盗扰严重，仅 9 座墓葬残留有少量随葬品。出土遗物可分为日常用器和明器两大类，日常用器以罐、盆、钵、甑、碗、壶为大宗，明器以人物俑、动物俑为主，另有少量模型明器如陶房、陶井、陶塘等，时代主要集中在东汉中晚期至六朝时期。岩坑墓 2 座，均直接在岩石上开凿竖穴墓室，残留遗物以罐、钵为多，时代为东汉中晚期。

崖墓局部（汉至六朝）

发掘区（局部）

崖墓局部（汉至六朝）

  墓群墓葬分布密集而规律，未发现叠压打破关系，推测其应为家族墓地，时代从东汉中晚期延续到六朝时期，为研究葬式发展演变、丧葬制度和社会生活奠定了坚实的基础；出土了较丰富的随葬品，为了解当时制造工艺

崖墓（汉至六朝）　　　　　　　　崖墓局部（汉至六朝）

水平以及社会经济发展水平提供了新的研究材料；部分墓葬墓壁保留了清晰的开凿痕迹，为研究墓葬的加工工艺、工具、建造技术提供了丰富的实物资料。龙洞墓群的考古发现对丰富忠县的文化内涵、深化现代社会对峡江地区古代社会的认识具有重要意义。

（六）溪口墓群

溪口墓群位于忠县洋渡镇鱼洞村五组，地处长江东岸二级台地上，该遗址是 2013 年开展冶锌遗址发掘时，由重庆市文化遗产研究院调查发现的，当时地面采集了大量汉砖，初步定为一处汉代墓群。2018 年 5 月，重庆市文化遗产研究院对其进行了发掘工作，发掘面积 430 平方米，共清理墓葬 6 座、灰坑、灰沟各 1 个，时代为汉至明清。其中墓葬均为汉墓，分土坑墓、砖室墓两种。出土器物以陶器为主，有罐、盆、甑、钵、釜、仓等，铜器以釜、

土坑墓（西汉）　　　　　　　　　　　砖室墓（东汉）

盆、钱币为主，铁器有斧、刀等。这几座墓均顺江分布，大部分墓葬方向在北偏东 42°～50°间，推测其应为一个较为集中的家族式墓葬群。

（七）临江二队遗址

临江二队遗址位于重庆市忠县洋渡镇沿江 4 社，地处长江右岸的二级台地，北濒长江、东临水扬溪、南依缓坡，西距洋渡镇约 3 公里。该遗址于

临江二队遗址全景

2008年文物普查时发现，2012年调查初步确认为一处炼锌遗址。2013、2017年作为三峡消落区考古项目，重庆市文化遗产研究院对其先后进行了两次抢救性发掘，发掘面积近5000平方米，揭露明代炼锌冶炼场12个，清理包括18座冶炼炉在内的炼锌遗迹200余处，出土以冶炼罐、冷凝窝为主的各类遗

19及22号冶炼炉（明）

六号冶炼场（L7—L10）

三、四号冶炼场三维模型

原料填装遗迹（明）

便携式XRF检测工作

冶炼罐结构

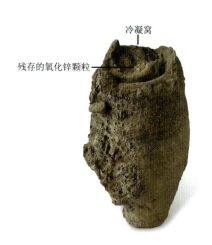

反应室及冷凝窝

冷凝区结构

一号冶炼场三维模型

物近千件，遗存时代主体为明代中晚期。

2018 年 5 月至 9 月，重庆市文化遗产研究院对该遗址进行了第三次抢救性考古发掘，共完成发掘面积 2073 平方米，清理冶炼场 4 个，包含冶炼炉、坑、沟、柱洞、窑等各类遗迹 139 处，出土陶、瓷、铜、铁等各类遗物 711 件，采集了矿渣、煤炭、木屑、动物骨骼等各类检测标本数十件，利用了 XRF 便携式检测、三维建模等多种科技手段，取得了以下重要收获。

一是首次发现了遗址中的炼锌原料填装的相关遗迹，与冶炼场相结合，以实物证明了炼锌生产工艺流程中的原料填装和冶炼生产两大环节。以往的发掘发现了冶炼工作和废弃堆积等环节，但是原料填装等冶炼准备的工作流程并不明晰。本年度的工作首次发现了储料坑、拌料坑、储罐坑等与炼锌原料装填有关的遗迹，进一步完善了炼锌生产工艺流程。

二是进一步明确了工作区内各类遗迹的性质与功用，深化了对明代炼锌工艺流程的认识。根据以往的考古发现，工作区内以冶炼炉为核心，周围分布有柱洞等冶炼相关的遗迹，但对各类坑状遗迹的性质与功用判断缺乏更充分的证据。本次对遗迹内包含物进行了 XRF 检测，结合遗迹形制，可将其划分为堆煤坑、拌煤坑、蓄水坑、拌泥坑、储料坑、拌料坑等几类。

三是首次发现了遗址中的建筑遗存，拓展了炼锌冶炼场内的遗迹类型，丰富了遗址的文化内涵。本年度发现的 F1 保存较完整，三开一进，墙体以黄色粘土砌成，地面有细煤渣。房外南部有一条排水沟，并延伸至东部，西高

106 号坑（明）

117 号坑（明）

138 号坑（明）

156 号坑（明）

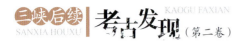
东低。鉴于在房址内未发现冶炼炉或灶等遗存，我们认为该房址并非作坊或居住之用，其功能为临时存储。

二、三号冶炼场（明）

一号房址（明）

陶碗

———————

瓦窑六队墓群出土
西汉

陶碗

———————

瓦窑六队墓群出土
西汉

陶碗

———————

瓦窑六队墓群出土
西汉

陶钵

瓦窑六队墓群出土
西汉

陶甑

瓦窑六队墓群出土
西汉

陶甑

瓦窑六队墓群出土
西汉

陶井

瓦窑六队墓群出土
西汉

陶井

溪口墓群出土
西汉

陶罐

瓦窑六队墓群出土
西汉

陶罐

瓦窑六队墓群出土
西汉

铜釜

溪口墓群出土
西汉

青铜矛

坪上遗址出土
西汉

青铜剑

坪上遗址出土
西汉

青铜剑

坪上遗址出土
西汉

青铜铺首

坪上遗址出土
西汉

铁鐎斗

溪口墓群出土
西汉

铁锄

溪口墓群出土
西汉

铜镜

坪上遗址出土
西汉

陶盆

坪上遗址出土
东汉

陶瓮

坪上遗址出土
东汉

陶罐

瓦窑六队墓群出土
东汉

陶耳杯

瓦窑六队墓群出土
东汉

陶耳杯

瓦窑六队墓群出土
东汉

陶罐

瓦窑六队墓群出土
东汉

陶罐

瓦窑六队墓群出土
东汉

陶罐

瓦窑六队墓群出土
东汉

陶罐

瓦窑六队墓群出土
东汉

陶钵

沿江二队墓群出土
东汉

陶钵

沿江二队墓群出土
东汉

陶罐

沿江二队墓群出土
东汉

陶罐

沿江二队墓群出土
东汉

陶罐

沿江二队墓群出土
东汉

陶罐

沿江二队墓群出土
东汉

陶侍立俑

瓦窑六队墓群出土
东汉

陶侍立俑

沿江二队墓群出土
东汉

陶侍立俑

瓦窑六队墓群出土
东汉

陶罐

沿江二队墓群出土
东汉

陶罐

沿江二队墓群出土
东汉

陶罐

沿江二队墓群出土
东汉

陶罐

沿江二队墓群出土
东汉

陶釜

沿江二队墓群出土
东汉

陶锺

沿江二队墓群出土
东汉

陶塘

瓦窑六队墓群出土　　东汉

陶案

瓦窑六队墓群出土　　东汉

陶案

瓦窑六队墓群出土　　　东汉

陶灶

瓦窑六队墓群出土　　　东汉

陶罐

沿江二队墓群出土
东汉

陶罐

沿江二队墓群出土
东汉

陶罐

沿江二队墓群出土
东汉

陶子母鸡

瓦窑六队墓群出土
东汉

陶鸡

沿江二队墓群出土
东汉

陶子母鸡

沿江二队墓群出土
东汉

釉陶博山炉

沿江二队墓群出土
东汉

釉陶卮

沿江二队墓群出土
东汉

釉陶勺

沿江二队墓群出土
东汉

釉陶盘

沿江二队墓群出土
东汉

釉陶钵

沿江二队墓群出土
东汉

釉陶釜

沿江二队墓群出土
东汉

釉陶魁

沿江二队墓群出土
东汉

铜盆

溪口墓群出土
东汉

铁釜

溪口墓群出土
东汉

琉璃耳珰

沿江二队墓群出土
东汉

铜梳刷

溪口墓群出土
东汉

锌矿石

临江二队遗址出土
明

"成化"款瓷碗

临江二队遗址出土 明

冶炼罐

临江二队遗址出土 明

冷凝窝

临江二队遗址出土　　明

冶炼罐（未使用）

临江二队遗址出土　　明

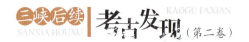

冶炼罐（已使用）

临江二队遗址出土
明

冶炼罐（未使用）

临江二队遗址出土
明

开州篇

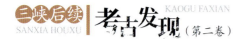
一、县域概况

（一）地理环境

开州区位于重庆市东北部，三峡库区小江支流回水末端，北依巴山，南近长江，在大巴山南坡与重庆平行岭谷结合地带。处于北纬30°49′30″～31°41′30″与东经107°55′48″～108°54′，面积3963平方公里。西邻四川省开江县，北接城口县和四川省宣汉县，东毗云阳县和巫溪县，南邻万州区。辖27个镇、8个街道、5个乡。

开州区在造山运动及水流的侵蚀切割下，形成山地、丘陵、平原三种地貌类型、七个地貌单元、八级地形面。山地占63%、丘陵占31%、平原占6%，大体是"六山三丘一分坝"。地势由东北向西南逐渐降低。北部属大巴山南坡的深丘中山山地，海拔多在1000米以上，最高处白泉乡一字梁横猪槽主峰，海拔2626米。三里河谷沿岸海拔较低，最低处为南部渠口镇崇福村，海拔134米。沿河零星分布块状平坝，地势开阔，土层深厚。开州区的山脉主要有观面山脉、南山山脉、铁峰山脉。观面山脉为大巴山支脉，北东南西走向；南山山脉从梁平县明月山分支，南西北东走向；铁峰山脉从忠县精华山延伸，南西北东走向。南山山脉、铁峰山脉为川东平行岭谷的隔挡式褶皱带构成，背斜紧凑，形成低山；向斜宽敞，多成丘陵谷地或平原。开州区地处中纬度地区，具有亚热带季风气候的一般特点，季节变化明显。因为盆周山地阻挡，寒潮不易入侵，故气温比同纬度、同海拔的其他地区略高，冬暖春早，夏季海洋性季风带来大量温暖空气，夏季雨量充沛、温湿适度。立体气候特点明显，开州区可分为两大气候区：一是北部中山地带（海拔1000米以上地区），属暖温带季风气候区，气候冷凉阴湿，雨日多、雨量大、光照差、无霜期较短、霜雪较大；二是三里河谷平坝浅丘地带，属中亚热带温润季风气候区，气候温和，热量丰富，雨量充沛，四季分明，无霜期长，光照虽处于全国同纬度的低值区，但仍比北部中山区强，少伏旱。开州煤和天然气的储量较为丰富。

（二）历史沿革

开州历史悠久，古属梁州之域。西周属庸国，东周春秋时期，属巴国。

秦汉属巴郡朐忍县地。东汉建安二十一年（216年），蜀先主析朐忍西部地置汉丰县，以汉土丰盛为名，属益州固陵郡。

南北朝，刘宋（420～479年）于汉丰境内增置巴渠、新浦共三县，皆属巴东郡；西魏平蜀后（535年）改汉丰为永宁；北周天和元年（566年）分巴东郡置万安郡，领永宁（郡治）、万世（巴渠改名）二县；又置周安郡，领西流（郡治）、新浦二县。天和四年（569年）移开州于新浦，后又移于永宁，辖永宁、万世、新浦、西流（新置）四县。

隋朝，开皇十八年（599年）改永宁为盛山县，改开州为万州。

唐朝，武德元年（618年）改万州为开州；贞观元年（627年）省西流县入盛山县；广德元年（763年）改盛山县为开江县，开州辖开江、新浦、万岁（万世改名）三县。

宋代，庆历四年（1044年）省新浦入开江，万岁县改名清水县，时开州辖二县。

元朝，省县入州。

明朝，洪武六年（1373年）降州为县，开县之名自此始。因南河古称开江，州、县由此得名。

清代，属四川省川东道夔州府。

民国，1935年属四川省第九行政督察区。

中华人民共和国成立后，开县属四川省辖。1997年3月重庆市划归中央直辖后，开县始属重庆市管辖。

2016年6月，国务院正式批准，撤销重庆市开县，设立重庆市开州区。

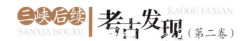
二、既往考古工作简述

　　开州区既往考古工作大体以三峡文物保护工作为基点分为两个部分。三峡文物保护工作以外的考古工作较为零星，其中，最为重要的是红华村崖墓的发掘及温泉窖藏的发现。

　　1983 年，四川省文物管理委员会对开县红华村崖墓进行抢救性考古发掘，共清理崖墓 2 座，分别为双室墓和单室墓。其中 1 号墓葬为双室墓，未被盗掘，墓葬保存状况较好，由墓道、墓门、甬道和墓室组成，长墓道、双重门框、前后双室。出土罐、壶、瓿、盘、俑等陶器，鉴、洗、釜、甑、壶、钫、灯、案、盘、箸、武士、马等铜器，剑、刀等铁器，指环、笋等金银器以及瓷罐和钱币（四铢半两、西汉五铢、货泉、东汉五铢、剪轮五铢），随葬品共 100 余件。1994 年 3 月，山东大学考古队再次清理了 2 座崖墓，为双室崖墓，随葬品以陶器、铜器居多。从墓葬形制和出土物判断，以上墓葬的时代应在东汉晚期至南朝时期，为研究这一地区东汉晚期至南朝时期丧葬习俗及墓葬制度提供了重要的实物资料。

　　1997 年，开县温泉乡出土窖藏文物 24 件，其中铜器 10 件（均为铜瓶），瓷器 14 件。瓷器包括龙泉窑青瓷 7 件（碗盘 6 件、凤耳瓶 1 件），景德镇窑青白瓷斗笠碗 3 件、花瓣纹碟 2 件、婴戏牡丹纹瓶 2 件。文物保存完好，对于探讨当地经济发展状况以及窖藏形成背景等历史文化信息有着重要作用。

　　开州区三峡文物保护工作中，地下文物经正式发掘的较多，重庆库区文物保护工作涉及地下文物 39 处，其中考古发掘面积共计 74700 平方米。从时代上看，多处于战国及其以后阶段。从遗址类型上看，有居址和墓葬两类，其中以墓葬居多。战国时期，以余家坝遗址最为重要，该遗址早期遗存是一处级别较高的重要的巴人墓地，位于开县渠口镇云安村。该遗址于 1994、2000—2002 年由山东大学考古队发掘 13840 平方米，发掘墓葬 135 座，其中绝大部分为战国时期的竖穴土坑墓。大中型男性墓葬多随葬一套兵器，基本组合为剑、戈、矛、钺（或斧）、削，女性墓多为玉玦、珠、管等玉石质装饰品。出土了大量青铜兵器组合，其中包括刻有精美的虎形纹饰的青铜戈等珍贵文物，对于研究巴文化的分布及其发生、发展有着重要意义。除了典型的巴文化遗物外，也有少量楚文化、秦文化因素存在。同时，早期为战国时期墓地，晚期为元、明时期居址，对于探讨该遗址功能的变迁有着重要价值。汉晋时期遗存主要为墓葬，包括长磅墓群、复洪十四组墓群、平浪三组墓群、农试墓群、王爷庙墓群等，发现了大量这一时期的砖室墓，出土了大量随葬品，为探讨这一时期墓葬制度、人口规模等提供了重要的实物资料。此外，还发现了唐至清代的开县故城。故城位于三峡库区长江左岸支流小江的上游，隶属重庆市开县汉丰镇（开县旧县城），现存面积约 10 万平方米，2006—2008 年，中山大学人类学系、宜昌市博物馆等单位对该遗址进行考古发掘，发掘面积共计 12000 平方米。发现了大量筒瓦、板瓦、瓦当、滴水、脊饰等建筑材料。此外还发现了碑文题为"开州守廨题名记"的石碑一通。综合开州守廨题名记石碑及《开州县志》的有关记述，可以推定该地自唐宋以来，是一处人口较多、经济发达的聚落中心。开县故城的发掘为研究这一地区唐宋以降的县城遗址的规模、布局等方面提供了重要资料。

三、消落区考古成果综述

开州区消落区地下文物保护考古发掘涉及文物点 6 处，共 7 次考古发掘（其中姚家坝遗址进行了两次考古发掘），规划考古发掘面积为 5550 平方米，因文物保护工作的需要，实际考古发掘面积共计 5842 平方米，发现了丰富的考古遗存，时代上涵盖了商周、汉代、宋明三个时期，以商周和汉代为主，其中居址 3 处，墓地 4 处。以下以时代为序进行总体介绍。

（一）商周

商周时期遗存共发现 3 处，分别为姚家坝遗址、赵家院子遗址、月尔

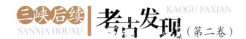

省级行政中心

地级行政中心

县级行政中心(旧址、新址)

街道、乡、镇(旧址、新址)

其他居民点(旧址、新址)

移民新址(200人以上)

县级界

省级界

库区范围

回水淹没区

1 姚家坝遗址	2 赵家院子遗址
3 月耳村遗址	4 花石盘墓地
5 松树包墓地	6 渠口六祖墓地
7 三升墓群	

开州区境内三峡后续考古项目位置示意图

姚家坝遗址房址（石地坝文化）

村遗址。商周时期遗存为居址类遗存，包括大量的灰坑、柱洞，也有少量房址、窑址，属于石地坝文化阶段的遗存。其中，窑址的发现较为重要，可分为两种：一种平面形状呈瓢形，有火道、火塘、窑室，窑室下方的火塘内还残留有较多的陶器残片，可能与陶器烧制有关，是探讨这一时期陶器生产及装烧工艺、产品构成的重要材料；一种平面呈长条形，四壁有厚约2厘米的烧结面，底部残留有厚约10厘米的灰烬层，灰烬层下有烧结面，可能为烧炭的窑址，为探讨这类窑址功能提供了新的资料。商周时期遗存的大量出现，完善了这一区域先秦考古学文化谱系，为探讨考古学文化的交流与互动提供了重要的实物资料。

姚家坝遗址窑址（石地坝文化）

姚家坝遗址陶窑（石地坝文化）

姚家坝遗址陶窑窑床底部残存陶器（石地坝文化）

姚家坝遗址陶窑火道（石地坝文化）

（二）汉至六朝

汉至六朝时期遗存，除了在姚家坝遗址发现窑址外，在花石盘墓群、松树包墓群、渠口六组墓地、三升墓群均发现了汉至六朝时期的墓葬。

姚家坝遗址发现了 1 座汉代窑址，窑址呈长条形，与该遗址发现的商周时期可能为烧炭的窑址形制差别不大，只是宽度稍宽。

花石盘墓群发现了西汉中晚期至东汉早期土坑墓、砖室墓 9 座，其中 7 座为长方形或近方形竖穴土坑墓（2 座带长条形斜坡墓道），2 座砖室墓，多数墓葬未遭盗掘，保存情况较好，出土的陶器主要有罐、锺、甑、钵、博山炉、盆、井、耳杯、灯、仓、魁、盂等 306 件；铜器包括铜钱、铜鍪、铜

花石盘墓地土坑墓（汉）

姚家坝遗址窑址（汉）

花石盘墓地土坑墓（汉）

花石盘墓地墓葬清理

三升墓群墓葬清理

洗、铜钫、铜簋、铜釜、铜盒、铜带钩、铜饰件等28件（套）；另出土有铁釜2件。墓葬形制结构及出土随葬品组合较为完整，对于研究这一时期墓葬分期、随葬品组合以及墓葬制度等问题有重要的意义。松树包墓地发现东汉时期墓葬2座，南北朝时期墓葬1座，南朝砖室墓中出土了车马出行画像砖，丰富了这一地区画像砖的内容，也为探讨丧葬思想提供了新的资料。渠口六组墓群清理汉晋时期残砖室墓2座。

松树包墓地画像砖（汉）

花石盘墓地土坑墓（汉）

花石盘墓地土坑墓（汉）

花石盘墓地刀把形砖室墓（汉）　　　　　花石盘墓地土坑墓（汉）

（三）宋明清

宋代遗存主要发现于姚家坝遗址，发现了宋代的房址，出土了较多宋代瓷器，另出土了1件"佛顶尊胜陀罗尼幢"，表明这一区域曾分布有寺庙类遗存；同时发现1座冶炼炉，结合冶炼炉周边发现较多铁渣分析，该冶炼炉可能与金属冶炼加工相关。综合上述情况分析，姚家坝遗址在宋代可能为市镇类遗址。渠口六组墓群发现了2座明代双室合葬墓，墓门柱和后龛柱及龛楣均雕刻有花草纹及莲蓬纹，特别是墓门上方的浮雕兽首较为罕见，为明代墓葬形制的研究提供了新的资料。花石盘墓群发现了1座明清时期的窑址，保存较为完整，是研究这一时期窑址形制、生产规模等的重要实物资料。

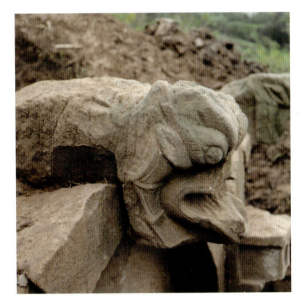

渠口六组墓地石兽头（明）

花石盘墓地窑址（明）

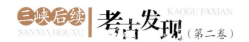

四、三峡后续代表性考古发现

（一）姚家坝遗址

姚家坝遗址位于开县赵家镇姚家村一社，地处浦里河右岸一级台地，台地面积约 80000 平方米。该遗址于 1994 年调查发现，2008 年作为三峡文物保护开县防护区项目，由山东大学对该遗址实施了近 1000 平方米的发掘工作，所见遗存时代主要为汉至明清时期。

2015 年 5 月，在重庆市文化遗产研究院与开县文物管理所联合开展的消落区文物巡查工作中，发现该遗址因江水冲刷、滑坡、崩岸导致大量文化遗存暴露于地表，急需开展进一步保护工作。2015 年、2018 年，重庆市文化遗产研究院对该遗址实施了抢救性发掘，共完成考古勘探 20000 平方米、考古发掘 2800 平方米，发现了商周、汉、宋、明清等多个时期的

姚家坝遗址 2018 年度发掘区

文化遗存。

商周遗存是姚家坝遗址的文化主体，分布面积广，文化内涵丰富，有房址、灰坑、柱洞、灶、窑等遗迹。窑分为陶窑和烧炭窑两种，陶窑保存基本完整，由火膛、火道、窑室组成，底部可见大量草木灰，是开州地区早期制陶遗存的首次发现；烧炭窑平面呈窄长方形，底部存留有大量炭灰。该时期的陶器种类多样，数量丰富，可辨器型有釜、罐、尖底杯、尖底盏、钵、壶、器盖、网坠、纺轮等，属于石地坝文化遗存。汉代遗存主要发现烧炭窑，平面为窄长方形，但比商周时期稍宽；另出土1件精致的铜钺。宋代遗存遗迹主要以房址为主，另有与铁器加工相关的炉址，出土有筒瓦、瓦当及石质建筑构件，另出土瓷碗、瓷灯等生活用器，发现1件与寺庙遗存相关的"佛顶尊胜陀罗尼幢"。

从商周时期的房址、陶窑以及大量生活用陶器的发现，初步推断其应该是包含了陶器生产、烧炭等小型满足聚落自身需求的生产性活动的自给自足的小型聚落；汉代遗存发现较少，发现2座烧炭窑，从其分布密度，周边未发现同一时期堆积以及历次发掘基本不见汉代生活性原生堆积的情况分析，这一区域可能为汉代烧炭的生产性作坊址；宋代遗存发现较多，从房址分布密度、出土生活性瓷器精美程度以及冶铁或铁器加工炉址的发现，表明该遗址在宋代应为市镇内遗址。

（二）花石盘墓群

花石盘墓群位于开州区赵家镇和平村二社，地处浦里河北岸二级台地，所在区域地势较为平缓，北依丘陵，东临冲沟，西为农田，南与浦里河相邻，中心地理坐标北纬 31°3′20.16″，东径108°23′1.74″，海拔171米。2014年5～7月，重庆市文化遗产研究院对该墓群实施了抢救性发掘，发掘面积742.5平方米，共清理汉代墓葬9座，其中7座为长方形或近方形竖穴土坑墓（2座带长条形斜坡墓道），2座砖室墓；明清时期窑址1座。多数墓葬未遭盗掘，保存较好，出土的陶器主要有罐、锺、甑、

花石盘墓地远景

钵、博山炉、盆、井、耳杯、灯、仓、魁、盂等306件；铜器包括铜钱、铜鍪、铜洗、铜钫、铜簋、铜釜、铜盒、铜带钩、铜饰件等28件（套）；另出土有铁釜2件。

花石盘墓群的主体时代应在西汉中晚期至东汉早中期，墓葬分布密集、排列有序，是一处保存较好的小型家族墓地。墓葬形制结构及出土随葬品组合较为完整，对于研究这一时期墓葬分期、随葬品组合以及墓葬制度等问题有重要的意义。明清时期的窑址，窑址的形制结构保存较为完整，是研究这一时期窑址形制、生产规模等的重要实物资料。

陶釜

姚家坝遗址出土
石地坝文化

陶圜底钵

姚家坝遗址出土
石地坝文化

陶圜底罐

姚家坝遗址出土
石地坝文化

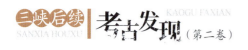

陶尖底杯

姚家坝遗址出土
石地坝文化

石斧

姚家坝遗址出土
石地坝文化

画像砖（车马出行）

松树包墓地出土　　汉

陶盆

花石盘墓地出土

汉

陶罐

花石盘墓地出土

汉

陶钵

花石盘墓地出土

汉

陶罐

花石盘墓地出土
东汉

陶罐

花石盘墓地出土
东汉

陶罐

花石盘墓地出土
东汉

陶仓

花石盘墓地出土
东汉

陶鼎

花石盘墓地出土
东汉

陶锺

花石盘墓地出土
东汉

陶仓

花石盘墓地出土
东汉

陶仓

花石盘墓地出土
东汉

陶盆

花石盘墓地出土
东汉

陶盆

花石盘墓地出土
东汉

陶仓

花石盘墓地出土
东汉

陶碗

花石盘墓地出土
东汉

陶盒

花石盘墓地出土
西汉

陶卮

花石盘墓地出土
东汉

陶罐

花石盘墓地出土
西汉

陶豆

花石盘墓地出土
东汉

陶灯

花石盘墓地出土
东汉

陶豆

花石盘墓地出土
东汉

陶器盖

花石盘墓地出土
东汉

陶器盖

花石盘墓地出土
东汉

陶豆

花石盘墓地出土
东汉

彩绘器盖

花石盘墓地出土
东汉

0   2厘米

陶魁

花石盘墓地出土
东汉

陶勺

花石盘墓地出土
东汉

陶博山炉盖

花石盘墓地出土
东汉

釉陶杯

花石盘墓地出土
东汉

陶壶

花石盘墓地出土
东汉

陶壶

花石盘墓地出土
东汉

陶壶

花石盘墓地出土
东汉

釉陶锺

花石盘墓地出土
东汉

釉陶锺

花石盘墓地出土
东汉

釉陶锺

花石盘墓地出土
东汉

铁釜

三升墓群出土
东汉

陶鼎

三升墓群出土
东汉

陶锺

花石盘墓地出土
东汉

铜釜

花石盘墓地出土
西汉

铜釜

花石盘墓地出土
西汉

铜釜

花石盘墓地出土
西汉

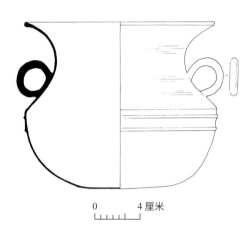

0 　　　　4 厘米

铜釜

花石盘墓地出土　　　西汉

铜鉴

花石盘墓地出土　　　西汉

0 　　　　2 厘米

铜盒

花石盘墓地出土
西汉

铜盒

花石盘墓地出土
西汉

铜盒

花石盘墓地出土
西汉

铜盒

花石盘墓地出土
西汉

铜簋

花石盘墓地出土
西汉

铜簋细部

花石盘墓地出土
西汉

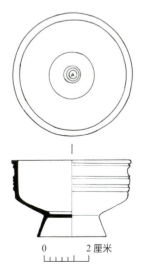

0　　2厘米

铜泡

花石盘墓地出土
西汉

铜饰

花石盘墓地出土
西汉

铜钫

花石盘墓地出土
西汉

0   2 厘米

铜钺

姚家坝遗址出土
东汉

铜卮

花石盘墓地出土
西汉

铜带钩

花石盘墓地出土
西汉

釉陶釜

花石盘墓地出土
东汉

釉陶锺

花石盘墓地出土
东汉

瓷盂
—————
姚家坝遗址出土
宋

瓷高足碗
—————
姚家坝遗址出土
宋

瓷碗
—————
姚家坝遗址出土
宋

瓦当

姚家坝遗址出土
宋

瓦当

姚家坝遗址出土
宋

陶烛台

姚家坝遗址出土
宋

石樁篇

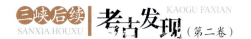
❧ 一、县域概况 ❧

（一）地理环境

石柱土家族自治县地处重庆市东部长江上游南岸，三峡库区腹心地带，是重庆三峡地区唯一的少数民族自治县，地处东经 107°59′～108°34′与北纬 29°39′～30°33′。东接湖北省利川市，南临彭水苗族土家族自治县，西南临丰都县，西北界忠县，北与万州区接壤。县境东西宽 56.2 公里，南北长 98.3 公里，面积 3014 平方公里。辖 3 个街道、17 个镇、13 个乡。

石柱县地处渝东褶皱地带，属巫山大娄山中山区。境内地势东南高、西北低，呈起伏状下降。西北部方斗山、东南部七曜山两大山脉平行排列，由东北向西南斜贯全境，形成"两山夹一槽"的特殊地貌。县境内按海拔高度分为中山、低山、丘陵 3 个地貌大区。海拔 1000 米以上为中山区，面积 1940.4 平方公里，约占全县面积的 64.4%。最高海拔 1934.1 米，最低海拔 119 米。按类型分为黄水山原区、方斗山背斜中山区、七曜山老厂坪背斜中山区、石柱向斜低山区、西沱向斜丘陵区 5 个地貌单元；单个地貌主要有山、岭、洞、坪、槽、沟，散布全县境内。

石柱县境内矿产资源蕴藏丰富。已探明的矿产有 3 类，分 23 个矿种（金属矿产 8 种，非金属矿产 12 种，燃料矿产 3 种），矿产床共 72 处。石柱向斜北东至南西区域以天然气为主；七曜山、方斗山背斜以煤、铁、石灰石、石英砂岩为主；七曜山老厂坪背斜以铅、锌、铜及稀散元素镉、银、锗为主。煤、天然气、铅、锌为优势矿种。

金属矿产主要有铅、锌、铁、铜、砂金、镉、锗、银 8 种，矿床分布 26 处。铅、锌矿石储量为 167.6 万吨，远景储量 317 万吨，矿床 6 处，分布在现龙潭乡境（原木坪、都会、万宝）。还有原漆辽、黄鹤等乡，毗邻丰都的太平、都督乡，彭水的太原、普子乡的石灰岩石中亦有矿产赋存。石、丰、彭三县的含矿区被誉为川东地区的有色金属"金三角"。

石柱县属中亚热带湿润季风区，气候温和，雨水充沛，四季分明，具有春早、夏长、秋短、冬迟特点。日照少，气候垂直差异大，灾害性天气频繁。年平均温度 16.4℃，年均降水量在 1066.5 毫米以上，年均日照时间 1333.3 小时，无霜期在 179～320 天。

（二）历史沿革

石柱之地，古为《禹贡》梁州之域。古属梁州。西周、春秋时，属巴国"南极黔涪"领地。战国时，先后属楚黔中地、秦黔中郡。秦至东汉年间，以境内七曜山为界，分属巴郡、黔中郡和临江县（今重庆忠县）和涪陵县（今重庆彭水县）。三国至十六国（成汉）时期，属涪陵郡涪陵县。

南北朝宋时，县地改属巴郡。齐，属巴郡临江县。梁，属临江郡。北周，初属临江郡，武帝保定初属临江地分置的南都郡源阳县，建德四年（575年），属南都郡源阳县改名的怀德郡武宁县（今万县武陵镇）。

隋，县地属临州武宁县。

唐武德二年（公元 619 年）分浦州（今重庆万州区）之武宁县西界地置南宾县，为石柱建县之始。

五代十国、前蜀、后蜀循唐制。

北宋至洪武十四年（1381 年），循唐制，隶忠州。

南宋建炎三年（1129），置石柱安抚司，马定虎受封石柱安抚使，节制九溪十八峒。

元初，在南宾县地设立石柱军民府，后升为石柱军民宣抚司。元末，明玉珍据蜀，建立夏政权，改为石柱安抚司。

明洪武八年（1375），置石柱宣抚司，隶重庆卫。

明洪武十四年（1381），南宾县因"地小无益，省入邻邑，其属乃废"。部分县地并入丰都县，置南宾里，在江池（今丰都江池乡）设巡检司。自此，石柱宣抚司成为一个政区。

明嘉靖四十二年（1563），改隶夔州卫。

明天启元年（1621），石柱女宣抚使秦良玉勤王有功，升石柱宣慰司。

清顺治十六年（1659），石柱宣慰司隶川东道夔州府。

清乾隆二十二年（1757），改置石柱厅，实行改土归流，仍隶夔州府。二十六年（1761），升为四川省石柱直隶厅。

民国二年（1913），改为石柱县，隶川东道。

中华人民共和国成立后，于1950年正式成立石柱县人民政府，隶川东行署区涪陵专区。1952年，隶四川省涪陵专区。1959年，改为石柱县。1984年，成立石柱土家族自治县，隶四川省涪陵地区。1988年，改隶四川省黔江地区。

1997年6月18日，重庆恢复中央直辖市，随黔江地区改隶重庆。

2000年7月，直隶重庆。

二、既往考古工作简述

20世纪80年代以前，石柱的考古工作基本处于空白。20世纪80年代开展的文物普查工作，发现了一批地下文物。1992年以来，随着三峡工程的正式上马，四川省文物考古研究院组织地、县两级文物工作者在三峡水库淹没区进行了大规模的文物调查，共发现地下文物4处，其中古遗址和古墓葬各2处；1993年北京大学考古系对观音寺遗址进行了复查。1994年，中国文物研究所曾对西沱境内的遗址进行试掘。1994年，中国文物研究所编制了石柱县三峡工程淹没区保护规划。

随着三峡工程淹没区文物大抢救工作的开展，石柱县文物保护工作开启了新的篇章。虽然石柱县地下文物位于三峡工程淹没区的较少，经过发掘的有观音寺遗址、沙湾遗址、中间包墓地、砖瓦溪墓地、公龙背遗址，发掘面积共计10700平方米，但向人们展示了商周、汉晋及唐宋时期这一地区政治经济文化面貌。其中，在观音寺遗址、沙湾遗址发现了少量商周时期遗存，为了解该地区商周时期的文化面貌提供了重要的实物资料。砖瓦溪墓地、中间包墓地均发现了较多汉晋时期墓葬，其中以砖瓦溪墓地的发现最为重要。2001年10月至2003年12月，山西省考古研究所、山西大学文博学院、石柱县文物管理所等单位对墓地开展了4次考古发掘工作，发掘面积共计5000平方米，共发现汉代墓葬38座，有土坑墓和砖室墓两类，出土了陶器、铜器、铁器、骨器等各类文物1800余件，揭示出既有大汉遗风又兼具地方特色的丧葬文化，对于探究汉代丧葬礼仪具有重要作用，主要体现在以下几个方面：首先，数量众多、排列有序、延续发展的墓葬对于研究汉代墓地的风水堪舆观念、家族墓地的排列与分布、从西汉早期至东汉晚期丧葬礼仪的发展演变等具有重要意义。其次，忠实记录了汉代"事死如事生"的丧葬观念。砖瓦溪墓地墓葬随葬品非常丰富，体现了汉代流行厚葬的墓葬习俗。随葬品包含生活用器、礼器、模型明器、工具、兵器、农具、货币等种类，涵盖了当时人们现实生活的方方面面，灵活再现了人们期待重生的生死观与汉代地主庄园经济形态。第三，汉代墓葬中蕴含了较多先秦遗风，呈现出鲜明的地方特色。出土随葬品中，除了包含较多的中原汉文化因素外，还有一定数量的巴文化、秦文化、楚文化、越文化等元素，这种文化发展的滞后性构成了这一时期该地区文化的特色，同时也为探索这一地区的汉化进程以及汉代中原王朝对这一区域的统治制度提供了重要的实物资料。观音寺遗址还发现了较多唐宋时期遗存，向人们展示了观音寺创建于唐代，兴盛于宋代，元代以后逐渐衰落的历史图景，同时为研究观音寺兴衰的动因提供了重要的参考资料。

2004年9月至12月，重庆市文物考古所对围绕丰都长江沿岸冶锌遗址群所需矿源产地、运输方式和运输路线等课题进行专项调查，基本确定从石柱矿区只能通过陆运方式将锌矿运抵丰都兴义、高家镇，有4条古道可通马帮，各矿洞可按所处位置，选择最优运输线。

2005年6月至7月，重庆市文物考古所对丰都与石柱交界的七曜山西南麓部分区域开展了考古调查工作，共发现龙洞湾、火烧坪、老窑厂、洪水沟、长五间5处遗址，发现大量冶炼罐和冶炼炉，并对龙洞湾（68平方米，

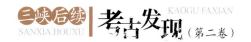

发现冶炼炉 1 座）、老窑厂（201.5 平方米，清理冶炼炉 2 座、房址 1 座）两处遗址进行考古试掘，发现这批冶锌遗址群处于清代早中期，这一区域有大量锌矿资源和煤矿资源。

2013 年，重庆市文化遗产研究院对仙人洞崖墓群进行了考古发掘工作，发掘面积 800 平方米，清理墓葬 15 座，出土铜器、铁器、瓷器及陶器共计 40 余件，极大地丰富了该区域崖墓研究的实物资料；特别是 15 号墓葬甬道两壁的壁画，在重庆地区的崖墓考古中鲜有发现，极大地丰富了崖墓壁画的考古学研究。

2016 年，重庆市文化遗产研究院围绕土司考古，对石柱古城坝遗址进行了调查、勘探和试掘，调查面积约 2 平方公里，发现包括衙署遗址、马氏宗祠碑刻、下殿子桥、粮仓遗址、兵营遗址、练兵场遗址、庙宇遗址等在内的文物点 20 处，系统了解了古城坝土司遗址现存文物的分布状况；基本廓清了古城坝遗址的整体布局，为研究其军事设施及防御体系提供了重要参考资料；确认了此次发掘的 F1 和马氏宗祠的修建年代和属性，其年代上限至少在明成化年间，很可能就是马应武营建的"宫室"的一部分。

三、消落区考古成果综述

石柱县消落区地下文物保护考古发掘涉及文物点 3 处共 2 次考古发掘（其中云梯墓群的发掘，因滨江码头及附属设施的修建，完全消失；观音寺遗址经前期调查，尚有大量考古遗存分布，且多位于滨江区域，有江岸崩塌损毁的隐患，经有关部门同意，将云梯墓群的发掘面积调整至观音寺遗址进行），考古发掘面积共计 1850 平方米，发现了较为丰富的考古遗存，时代上涵盖了商周、汉代、宋代、清代四个时期，以商周和汉代为主，其中居址 1 处，墓地 1 处。以下以时代为序进行总体介绍。

北

- ◉ 省级行政中心
- ◎ 地级行政中心
- ◉ ◉ 县级行政中心(旧址、新址)
- ○ ○ 街道、乡、镇(旧址、新址)
- ○ ○ 其他居民点(旧址、新址)
- ▬ 移民新址(200人以上)
- ----- 县级界
- —·—·— 省级界
- ▨▨▨ 库区范围
- 〰〰 回水淹没区

1 观音寺遗址
2 陶家坝墓地

石柱县境内三峡后续考古项目位置示意图

（一）商周

商周时期遗存共发现1处，位于观音寺遗址东部（2001年I区南面），发现这一时期灰坑5座，出土较多三星堆文化晚期遗物。本次商周时期遗存的发现，为既往考古发现中商周时期次生堆积的来源提供了重要线索，完善了这一区域先秦考古学文化谱系，为探讨考古学文化的交流与互动提供了重要的实物资料。

观音寺遗址远景

观音寺遗址 H5-H10（商周）

观音寺遗址陶罐出土状况（商周）

观音寺遗址陶罐出土状况（商周）

（二）汉至六朝

汉至六朝时期遗存主要发现于陶家坝墓地，在观音寺遗址也有少量发现。陶家坝墓地位于石柱县西沱镇沿江社区陶家坝组，发掘面积共计 500 平方米，共发现 3 座竖穴土坑砖室墓，其中东汉墓葬 2 座，六朝墓葬 1 座。东汉墓葬出土器物以泥质红陶为主，有一部分泥质灰陶和釉陶，陶俑以人俑为主，另有动物、陶房等模型明器，具有典型的东汉中晚期特征；南朝墓葬出土了手捏桥形耳四系罐、瓷小碗、瓷钵等瓷器。陶家坝墓地东汉中晚期、南朝墓葬的发现，对于探讨这一地区丧葬制度及丧葬习俗的变迁有着积极意义。

陶家坝墓地刀把形砖室墓（六朝）

观音寺遗址陶罐出土状况（东汉）

陶家坝墓地凸字形砖室墓（东汉）

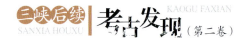

观音寺遗址出土的汉代遗存主要为居址遗存，主要有陶罐、板瓦、瓦当等，为探讨该地区汉代居址类遗存及与周边汉代墓地的关联性提供了重要线索。

（三）宋代

宋明遗存发现于观音寺遗址，发现灰坑 1 座，出土了较多宋代瓷器，少量瓷器残片及造像残块，结合既往考古发现推测，观音寺遗址可能存在宋代寺庙遗存。

观音寺遗址零散墓葬构件（宋）

观音寺遗址零散墓葬构件（宋）

观音寺遗址水池（宋）

观音寺遗址寺庙（清）

（四）清代

　　清代遗存发现于观音寺遗址，发现 1 组寺庙遗存。由于现代建筑的破坏，仅发现少量正殿、厢房及院落遗址。清代寺庙遗存的发现对于探讨观音寺的沿革及变迁提供了重要的实物资料。

观音寺遗址水井（清）

观音寺遗址近景

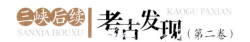

四、三峡后续代表性考古发现

（一）观音寺遗址

观音寺遗址位于石柱县西沱镇江湾村观音寺组，东经 108°11′17″，北纬 30°24′15″，海拔高程 152～160 米。据考证，这里以前有一座供奉观音菩萨的寺院，故名观音寺。2001 年、2002 年，河南省文物考古研究所对观音寺遗址开展了两个年度的考古发掘工作，发现了少量新石器晚期和商周次生堆积、宋代石佛头及灯盏等与寺庙相关遗存。

2015 年，重庆市文化遗产研究院对该遗址进行了抢救性考古发掘，发掘面积共计 1350 平方米（观音寺遗址计划发掘面积 650 平方米，因云梯墓群因西沱码头建设被毁，观音寺遗址大量遗存暴露，亟待抢救性发掘，经有关部门同意，将云梯墓群发掘面积转移至观音寺遗址），发现商周灰坑 5 个，汉代灰坑 1 个，宋代灰坑 2 个，清代房址 3 座、灰坑 2 个、沟 1 条，出土陶、瓷、石、铜质地的遗物 450 余件，有罐、碗、盘、钵、盏、豆、网坠等生活用器，砖、瓦、瓦当、滴水等建筑构件，佛头、造像等与宗教相关遗存。

本地考古发掘发现了较多商周时期的原生堆积，对于完善渝东地区先秦考古学文化序列有着重要意义。宋代佛头、造像、琉璃建筑构建也再次表明这里曾是寺庙。清代房址推测应为清代观音寺旧址，由于近现代人们对其加以利用和改扩建，寺庙旧址保存较差，正殿破坏较为严重，但仍为探讨这一地区寺庙格局提供了重要的实物资料。

（二）陶家坝墓地

陶家坝墓地位于重庆市石柱县西沱镇沿江社区陶家坝组，地处长江右岸缓坡地带，紧临石柱县货运码头，中心地理坐标为东经 118°18′，北纬 30°25′，海拔高程 157～160 米。因江水冲刷、江岸崩塌，古墓葬暴露，存在被损毁或盗掘的隐患。重庆市文化遗产研究院对该墓地进行抢救性考古发掘，发掘面积 495 平方米，发掘墓葬 3 座，均为竖穴土坑砖室墓，其中 M1、M3 属于东汉晚期，M2 属于南朝时期。M3 仅存墓室部分；M1 平面呈凸字形，出土陶罐、钵、盂、灯、杯、勺、盆、魁、甑、锺、盘、熏炉盖等生活用器及侍俑、抚耳俑、抚琴俑、舞蹈俑、母子俑、子母鸡等模型明器；M2 平面呈刀把形，出土瓷四系罐、瓷壶、瓷钵、瓷碗和铁斧等，填土中发现 5 件宋代黑釉、青白釉的碗、盏、碟，可能是宋代借室葬。本次发掘为探讨这一地区东汉晚期至南朝时期丧葬制度及其发展演变提供了重要的考古实证资料，同时为研究宋代借室葬这一特俗的丧葬习俗提供了新的资料。

陶家坝墓地近景

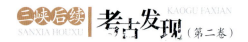

陶小平底罐

观音寺遗址出土
商周

陶花边罐

观音寺遗址出土
商周

石斧

观音寺遗址出土
商周

陶罐

观音寺遗址出土
商周

陶钵

观音寺遗址出土
商周

陶尖底杯

观音寺遗址出土
商周

陶高柄豆

观音寺遗址出土

商周

陶纺轮

观音寺遗址出土

商周

陶纺轮

观音寺遗址出土

商周

陶网坠

观音寺遗址出土

商周

陶鸡

陶家坝墓地出土

汉

陶勺

陶家坝墓地出土

汉

陶罐

陶家坝墓地出土
东汉

陶罐

陶家坝墓地出土
东汉

陶博山炉盖

陶家坝墓地出土
东汉

陶钵

陶家坝墓地出土
东汉

陶盆

陶家坝墓地出土
东汉

陶钵

陶家坝墓地出土
东汉

陶侍俑

陶家坝墓地出土
东汉

陶妇人背子俑

陶家坝墓地出土
东汉

陶抚耳俑

陶家坝墓地出土
东汉

陶抚琴俑

陶家坝墓地出土
东汉

陶盂

陶家坝墓地出土
东汉

陶罐

陶家坝墓地出土
东汉

陶魁

陶家坝墓地出土
东汉

瓷钵

陶家坝墓地出土
六朝

瓷罐

陶家坝墓地出土
六朝

瓷碗

陶家坝墓地出土
六朝

瓷盏

观音寺遗址出土
宋

瓦当

观音寺遗址出土
宋

瓦当

观音寺遗址出土
宋

瓷碟

观音寺遗址出土
宋

瓷碟

观音寺遗址出土
宋

瓷碗

观音寺遗址出土
宋

滴水

观音寺遗址出土
宋

滴水

观音寺遗址出土
宋

瓷炉

观音寺遗址出土
宋

瓷盏

观音寺遗址出土
宋

0   2 厘米

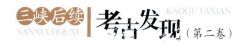

瓷动物

观音寺遗址出土
宋

石佛头像

观音寺遗址出土
宋

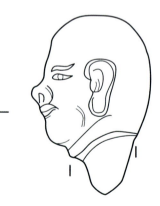

0   4厘米

石造像

观音寺遗址出土

宋

石造像

观音寺遗址出土

宋

后记 HOUJI

　　遵照重庆市文物局的统一部署，重庆市文物考古研究院作为项目团体领队单位，全面负责三峡后续考古工作的组织和实施。我院专门成立了领导小组和多部门参与的工作小组，明确管理机制，出台实施细则，确保项目实施的顺畅。本书所涉及的万州、忠县、开州、石柱四个区县项目的实施，得到了中国人民大学、西南民族大学等高校考古学专业，以及万州博物馆、忠县文物局等单位的大力支持，这些单位还与我院共同承担了部分项目的发掘工作。项目所在县文物部门的协作工作及时、到位，为项目提供了良好、稳定的工作环境。

　　本书是集体智慧的结晶。重庆市文物考古研究院院领导班子大力支持本书的编写工作，自始至终给予我们充分的信任和鼓励。在本书的论证会上，重庆市文物考古研究院学术委员会白九江、方刚、李大地、范鹏等诸位委员提出了很多宝贵意见。本书的"万州篇"由高磊执笔，"忠县篇"由黄伟执笔，"开州篇""石柱篇"由代玉彪执笔，李大地、黄伟完成了全书内容的修改、统稿和审定。本书的排版参考了同系列丛书《三峡后续考古发现图集（第一卷）》，另外感谢我院保管部于桂兰主任以及考古研究所牟丹等为我们查阅相关考古资料提供了诸多便利。在此对以上领导、专家和同仁致以诚挚的谢意！

　　最后感谢四川大学出版社的梁胜先生为本系列丛书的辛苦付出。

　　受限于视野、能力和水平，本书的疏漏、不足甚至错误不可避免，敬请专家、学者批评指正。

编　者
2023 年 7 月